「NHKと新聞」は嘘ばかり

高橋洋一
Takahashi Yoichi

PHP新書

はじめに

私の情報源を述べると、もう二十五年以上前からテレビではなく、インターネットの公式機関公表の一次資料です。もちろん新聞でもない。なぜなら、テレビや新聞に本当の意味で独自の取材に基づいた情報はないからです。

新聞記者はよく「新聞には一次情報が記されている」といいます。これは「嘘」です。実際に紙面を見れば、政府からマスコミ用の二次資料をもらい、せいぜい有識者に取材して入手したコメントを載せている程度だからです。

他方で近年、自らインターネット動画の番組を立ち上げて意見や情報を伝える専門家が増えています（私もその一人です）。有識者が直接、発信するのが本物の「一次情報」です。人から聞いた話を伝えるのは、あくまで二次情報にすぎません。

新聞やテレビは独自の情報を持たないので、結果として各社、どれも大差ない記事や番組が横並びになります。

二〇二〇年に日本で新型コロナウイルスが蔓延したとき、テレビに映るのはNHKも民放も一様に「今日の感染者数と死者数」「コロナウイルスを防ぐ生活情報」でした。どの局にチャンネルを変えても、内容はまったく同じ。これで「民放」と「公共放送」の違いは何かあるでしょうか。

「今日の感染者数」「コロナウイルスを防ぐ生活情報」がずらりと並ぶテレビ画面を見て、思い出した光景があります。二〇一一年の東日本大震災と原発事故をめぐる報道です。あのときもNHKと民放は毎日「今日の放射線量」「放射線被曝を防ぐ生活情報」を朝から晩まで流していました。日本のマスコミは十年間いっさい進歩がない、ということでしょう。

しかし世界的に大きな変化はあります。インターネットの浸透とデジタル同時配信です。そして奇しくも東日本大震災時、NHKは自らの存在意義を否定するかのような行動を取っています（詳しくは後述）。

本書はさまざまな事例をもとに、日本のメディアが伝えるべきことを何一つ報じていないことを示すものです。本書の執筆直後には、検察とマスコミのズブズブの関係も明らかになりました。本書のマスコミ像から見れば、この事件の本質も見えてくると思います。コロナウイルスの感染拡大時、不安を助長するテレビに釘付けになっていた方の幾人かでも、当たり前の物の見方や考え方を取り戻し、元気を得ていただければ有難いと思います。

二〇二〇年五月

高橋洋一

「ＮＨＫと新聞」は嘘ばかり

目次

第一章　民営化の意味がわからない人たち

第二章　ＮＨＫにＣＭが流れる日

第三章

NHKを二分割せよ

第四章

「新聞は一次情報」という嘘

第五章 木を見て森を見ず——新聞、テレビ報道の弱点

第六章　コロナウイルスとZ緊縮病からの脱出

編集協力：清水　泰

第一章

民営化の意味がわからない人たち

霞が関を揺るがす一大事

二〇一九年十二月二十日、来年度予算の仕上げで忙しい年末の霞が関へ、とんでもないニュースが飛び込んできました。

高市早苗・総務相はこの日、総務省の鈴木茂樹事務次官を停職三カ月の懲戒処分にし、同次官が辞職したと発表しました。事実上の更迭、つまりクビです。鈴木前次官は日本郵政の鈴木康雄取締役上級副社長に、情報を漏洩していたというのが、その理由です。

記者会見で高市総務相が明らかにしたところによると、十二月十三日以降、鈴木前次官は大臣室の会議の情報を日本郵政の鈴木副社長に電話等で漏洩していた、という。まさしく行政の公平性を根幹から揺るがす一大事でした。

なお、日本郵政の鈴木副社長は元総務省事務次官であり、総務省の鈴木前次官とは同じ郵政キャリアで先輩・後輩の関係です。

役所においては入省年次が絶対的であり、先輩・後輩の関係も絶対的。最終役職も重要視され、入省年次と最終役職の二つの基準で、自ずと役人ＯＢは序列が付けられます。両鈴木氏のように、役所の最終役職が事務次官同士ならば、先輩・後輩の関係だけが物をいう世界です。

もしこの秩序を乱すと、退職後の天下り序列に支障が生じます。天下りシステムを維持するために、先輩・後輩関係はとても重要な意味を持っているのです。

漏洩した大臣室の会議内容とは、かんぽ生命保険の不適切販売問題を起こした、日本郵政グループに対する行政処分案の検討状況でした。

このとき金融庁は、年内にもかんぽ生命に対して保険の新規販売を三カ月停止する行政処分を行うことを検討中（十二月二十七日に、その通りの行政処分が下りました）で、かんぽ生命の親会社である日本郵政に対しても、ガバナンスの問題があるとして業務改善命令を検討していました。

総務省は、日本郵政について監督権限があるので、金融庁の業務改善命令とは別に、何らかの行政処分をする立場にあります。総務省の大臣室で会議が行われていたのは、そのためでした。ところが話の中身を現職の次官が行政処分の相手方に情報漏洩していたのでは、総務省の信頼は地に落ちてしまいます。

高市総務相が、前次官の情報漏洩は公務員の信用失墜行為に当たるとして、停職三カ月の懲戒処分にしたのは当然のことでしょう。

もっとも、この事案であれば本来、免職でも不思議ではない。日本郵政の鈴木副社長については、NHKがかんぽ生命保険の不適切な営業実態を取り上げた際、NHKに対して元次官の威圧を笠に着て圧力をかけたとされる人物だからです。

経緯を簡単に説明すると、二〇一八年四月放映の『クローズアップ現代＋』で報じ、さらに同番組の続編放送のため、インターネット上で情報提供を求める動画を投稿していました。

日本郵政グループはNHKの放送内容に対して、最高意思決定機関である経営委員会に抗議し、同委員会がNHKの上田良一会長（当時）を厳重注意しました。

ＮＨＫ側は動画を削除し、続編の放送をいったん見送り、二〇一九年七月になって改めて放送した、というものです。

その際にも鈴木前次官は、日本郵政の鈴木副社長と連絡を取り合っていたという報道がありました。郵政キャリアの先輩・後輩の関係が、行政の公正性を損なっていたともいえるのです。

「民営化の歪み」が原因ではない

情報漏洩の発端になったのは、かんぽ生命保険の不適切販売問題です。

かんぽ生命の顧客数は約二六〇〇万人ですが、不正契約件数は約九万三〇〇〇件に上るといいます。被害に遭った顧客のほとんどが高齢者層である点も悪質です。

「常套手段」とされていたのが乗り換え時の不正で、保険の二重契約（二万二〇〇〇件）、無保険期間をつくる（四万七〇〇〇件）とされています。

被害者からは「八十歳代の母がかんぽ保険の乗り換えで被害に遭い、三〇万円の不利益を被った。母は郵便局を信頼していたから、貯めたお金をいわれるがまま、だまし取られた」との声も上がっており、郵便局というブランドを信じていた人々の心を踏みにじる、詐欺的な行為です。被害総額の詳細はいまだ不明で、先行して調べた一八万三〇〇〇件の契約調査だけでも、法律や社内ルールに違反する不正な販売は三〇三三件に達した、と二〇二〇年三月末に発表されています。

この種のニュースが出ると、新聞やテレビの報道を鵜呑みにした「郵政民営化による歪み」が不正の原因だ、という早とちりの意見がすぐに上がります。しかし経緯を調べれば、このような見方はすぐに間違いだとわかるはずです。

郵政は「再国有化」されている

マスコミの報道しか知らない人は「郵政は民営化された」と思い込んでいます。

ところが、じつは郵政は民主党政権時代に「再国有化」されているのです。不正の発端も、そこに潜んでいます。

筆者は小泉政権時代、郵政民営化の制度設計を担当しました。まず、郵政民営化が実行された理由を整理しておきます。マスコミはこの基本を理解できていないし、そのせいで国民は郵政民営化の背景を知らなすぎるからです。

民営化前の郵政は（1）郵便事業、（2）郵貯事業、（3）簡保事業を営んでいました。しかし、郵便は全国一律サービスを義務付けられて運営費がかさむ一方で、郵便物の大幅減少が続くなか、インターネットの登場や宅配会社との競争によりジリ貧、郵貯は貸出部門がなく、簡保は百年前の欠陥商品である「簡易保険」しか商品開発できていない。いずれの事業も経営破綻は時間の問題でした。

経営問題を抱える三事業を維持するためには、年間一兆円ものミルク補給（税金による補塡）が必要で、それでも郵政が経営破綻するのは目に見えていました。

小泉政権が成立させた郵政民営化法では、（1）日本郵政という持株会社の下に、郵便会社、郵便局会社、ゆうちょ銀行、かんぽ生命を設けること（四社分社化）、（2）日本郵政への政府株、郵便会社と郵便局会社への日本郵政の株式をいずれも維持しつつ、

小泉政権の郵政民営化

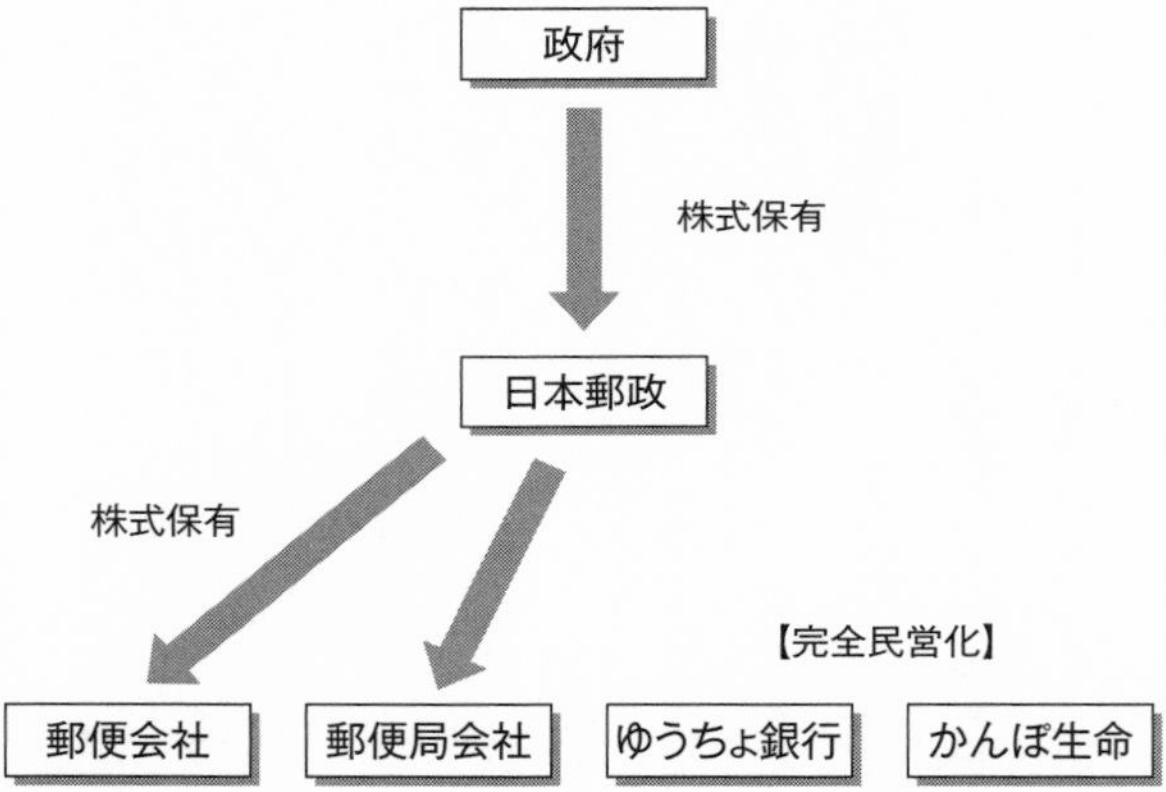

ゆうちょ銀行とかんぽ生命では、日本郵政の株式をすべて売却する「完全民営化」としていました。

キモは「株式の民有化」と「経営の民間化」

公的事業の民営化のキモは、「株式の民有化」と「経営の民間化」に尽きます。しかも、小泉政権時代の民営化の際、民間から西川善文・元住友銀行頭取ら二〇名程度の民間人が入りました。まじめに経営しようとすれば、この程度の人員がいなければ郵政のような巨大組織は運営できない。その意味で、西川氏は本気で郵政を民営化しようとしていました。

民営化を通じて、郵便会社と郵便局会社には「郵便」以外の事業展開を、ゆうちょ銀行にはまともな貸し出しを、かんぽ生命には「簡易保険」以外の商品開発を促そうとしました。

とくに、ゆうちょ銀行で貸出部門をつくるのは難事業だったので、貸出部門をすでに持っていた政策金融機関の一部を民営化して、預金などの資金調達をするゆうちょ銀行と与信をする政策金融機関の合併も視野に入れていました。それと同時に、年間一兆円に上る血税からの「ミルク補給」も打ち止めにしようとしたのです。

郵便局会社をつくったのは、そこで簡易保険だけではなく、他の民間生保の商品も販売できるようにしないと、郵政全体の経営が危うくなるからです。郵政民営化の制度設計当時から、簡易保険の商品性はあまりにお粗末であり、簡易保険以外の商品も売る必要に迫られていました。

政権交代で追い出された民間人

ところが、二〇〇九年に政権交代が起こります。民主党政権は、この民営化スキームを変更して、郵政を事実上「再国有化」しました。つまり（1）日本郵政という持株会社の下に郵便会社、ゆうちょ銀行、かんぽ生命を設けること（三社分社化）、（2）日本郵政への政府株、郵便会社、ゆうちょ銀行とかんぽ生命への日本郵政の株式はいずれも維持する「非民営化」としたわけです。

とくに痛かったのは、政府株だけではなく、小泉民営化で馳せ参じてきた民間人もすべて追い出されたことです。さすがに、民間人なしではマズイと思ったのか、お飾り程度の人材は来ましたが、西川氏のように大量に腹心を連れてくるようなことはなく、ほぼ一人で来て、あっという間に元郵政官僚に籠絡されるのがオチでした。

その後、民主党政権時代に郵政へ送り込まれた民間人が追い出された事実が知れ渡ったことから、経営の心得がある人は誘われても敬遠するようになり、どちらかといえば

民主党政権の再国有化

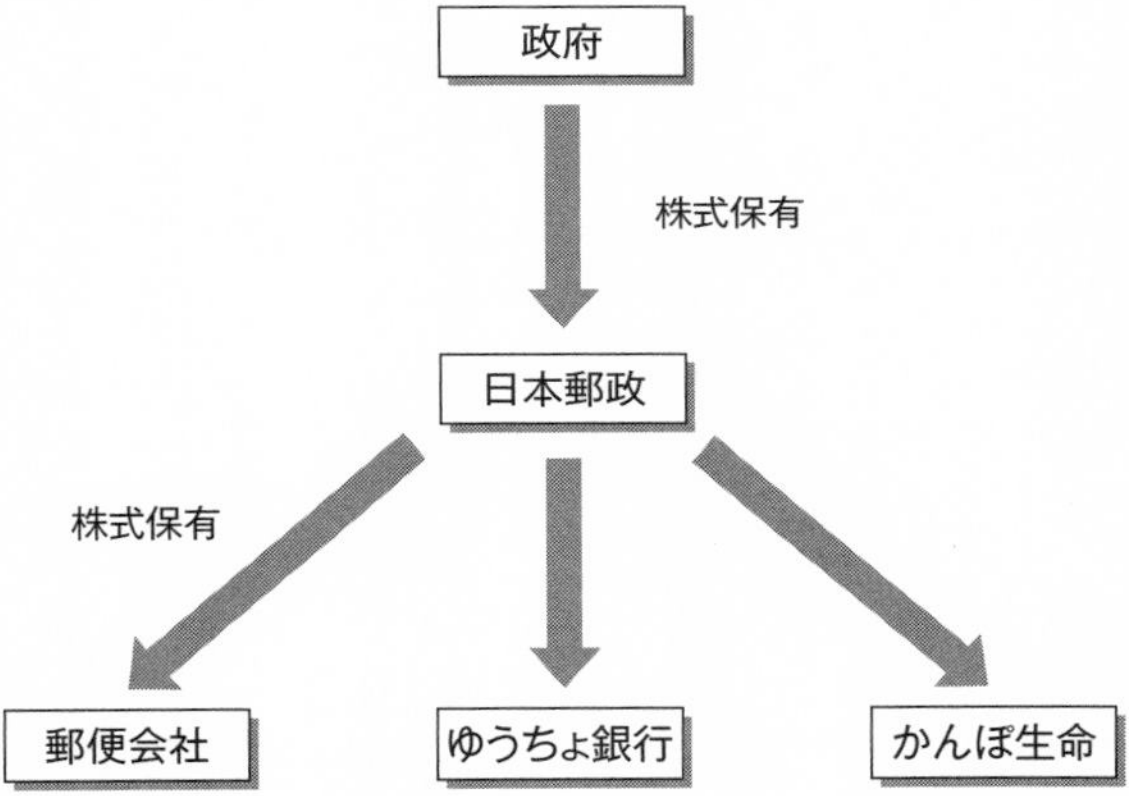

小粒な人が単発で入るようになりました。同じく、郵政が実質的に「再国有化」されたことを物語っています。

「生保好き」の終わり

再国有化された郵政が改革をサボっているあいだに、日本の保険市場は激変しました。かつて日本人は「生保好き」といわれ、外資系保険会社は日本市場への参入を強く希望していました。

たしかに、一九九〇年代の生命保険料のデータを見ると、日本の割合は先進国のなかでも高い部類でした。

他方で、一九九〇年代まで日本の保険業界には金融縦割り規制があり、保険業界では生命保険と損害保険は分離されて銀行、証券とも分かれていました。しかし金融自由化の波とともに業界の垣根が取り除かれていき、とりわけ証券投資信託の販売が、証券会社だけではなく銀行にも広げられたのです。

保険という金融商品は保障の面ばかりが強調されますが、運用面を併せて考えると、保障と証券投資信託のハイブリッド商品である、ともいえるのです。保障機能が弱く、満期返礼金が強調される貯蓄型保険は、証券投資信託とほぼ同じ。かつて「生保好き」といわれていた時代の日本で主流だったのが、貯蓄型保険でした。

ところが金融自由化により、証券投資信託の販売が広く銀行などに認められ、外資系保険会社にも参入が認められたので、本邦系生保会社の競争環境は激変したわけです。

結果として、いまでは日本の生命保険料などは標準的な水準に落ち着き、もはやデータからは「生保好き」とはいえない状況にあります。日本の保険市場における競争は激化し、低金利・ゼロ金利環境も保険会社の収益を圧迫しました。

健康診断がない！

この環境変化が民間の生保会社にもかんぽ生命にも等しく影響を与えるなか、かんぽ生命では事実上、商品が簡易保険しかありません。簡易保険というのは一九一六年に開発された古い商品です。最大の特徴は百年前という時代状況から、何と加入希望者の健康診断がないことでした。

民間生命保険の場合、当然のことながら健康診断を要件としてリスク管理を行なったうえで、保険料率と保険額を決めています。しかし簡易保険の場合は健康診断がないのでリスク管理がうまくできず、それをカバーするために、保険額を低く抑えていました。

保険数理から見れば「どんぶり勘定」に近い計算であり、商品としては保障機能が弱く、運用成績の悪い証券投資信託と同じような商品といえます。このため簡易保険は、金融自由化の波をもろに被ってきたのです。

ノルマ営業に頼ったツケ

筆者は郵政民営化の制度設計時に、簡易保険という旧来商品だけではまともな生保会社になれるはずもないので、新規商品の開発とともに、民間生保の特色ある保険も販売できるようデザインをしました。しかし民主党時代の「再国有化」によって、元の木阿弥になってしまったようです。

かんぽ生命は新規商品の開発を怠り、代わりに従来通りの「ノルマ営業」で戦おうとしました。民間生命保険会社のような商品は開発能力がなくつくれないので、旧来商品を体育会系のノリで、販売員へノルマを課すことで乗り切ろうとしたのです。

民間生保には生保レディーという強力な販売部隊がおり、人海戦術も行いましたが、さすがにマンパワーだけでは限界があり、新しいシステムづくりに対処しています。しかし、かんぽ生命は民間生保から見れば「周回遅れ」の状況です。

ネット上では、かんぽ生命関係者を名乗る人物からのこのような書き込みもあります。

「今回の問題はいまに始まったことではなく、ずっと以前からあった問題です。お客様を騙してでも保険契約をした職員は評価され、それを指摘した職員は評価されないだけではなく、邪魔者としてパワハラされるのがかんぽ生命です」（元郵便局員）

「会社の上層部は昔から不適切な営業をして数字という結果を残してきた人がほとんどです。優秀成績者と呼ばれる人のほとんどは上から守られるようになっていました」（かんぽ販売員）

こうした営業実態は、十年くらい前から蔓延しはじめたという証言もあります。ちょうど「再国有化」のタイミングです。

郵政を「再国有化」すれば、元官僚主導の会社になるのは避けられない。新商品開発のための知恵もない。そのため、体育会系のノルマ営業頼みにならざるをえない。せめて他の民間生保並みのまともな保険商品であれば、それほどのノルマを課さなくても、郵便局ブランドである程度販売できたでしょう。

不祥事を機に、かんぽ生命は「ノルマ」営業と決別せざるをえません。生命保険商品として簡易保険を売ることはもはや不可能で、かんぽ生命は経営危機に陥るでしょう。現在のかんぽ生命は民間会社ではなく、国の関連企業といってよい。詐欺的な営業に関しては国の責任がないとはいえず、被害者が代表訴訟で訴える可能性もあります。そのとき、国はどう対応するのでしょうか。民営化を逆戻りさせた政策のミスで、責任は免れないでしょう。

日本郵政の社長人事から見えること

冒頭の情報漏洩・次官更迭もまさに、郵政が完全に民営化できなかったことの結果です。

もし民営化がうまくいっていれば、郵政に大物次官が天下ることはなかったはずです。純粋な民間会社であっても、監督官庁から情報収集のための天下りはあるかもしれませんが、大物次官が天下るようなことはまずありません。大物次官の場合、それなりの役職に付けざるをえず、民間会社の場合、役人経験しかない元次官にふさわしい役職は見つからないからです。

たんに役所からの情報収入程度の目的であれば、元次官より小回りが利くヒラの元役人がいくらでもいます。企業側も、ヒラ相手のほうがコストを抑えられるので便利です。

さらに郵政民営化が頓挫したことは、郵政グループの中心である日本郵政の社長人事を見れば一目瞭然です。

二〇〇七年十月にスタートした日本郵政の社長は、これまでに六人います。

（1）二〇〇七年十月〜西川善文氏（三井住友銀行出身）
（2）二〇〇九年十月〜斎藤次郎氏（大蔵省出身）
（3）二〇一二年十二月〜坂篤郎氏（大蔵省出身）
（4）二〇一三年六月〜西室泰三氏（東芝出身）

（5）二〇一六年四月～長門正貢氏（興銀出身）
（6）二〇二〇年一月～増田寛也氏（建設省出身）

初代の西川氏のときは郵政民営化時代ですが、二代目の斎藤氏以降は、民主党による再国有化時代です。前述のように民主党政権下で西川氏は追いやられ、当時の民主党代表・小沢一郎氏に近かった元官僚の斎藤氏を社長に据える、というきわめてわかりやすい人事を行いました。

その斎藤氏は、二〇一二年十二月の総選挙で自民党が大勝して政権復帰が確実になると、第一次安倍政権のときの官房副長官補であった坂氏を社長に据えました。しかしこの人事を第二次安倍政権は拒否し、坂氏を更迭して民間出身の西室氏を社長にしました。ただし、再民営化は行なっていない。小泉政権時の郵政民営化騒動を見て、政治的リスクが大きく、優先課題にしたくなかったのでしょう。

トップ社長人事の陰で、郵政官僚はちゃっかり実利ポストを握りました。初代の西川社長の下で、総務省から副社長として団宏明氏が送り込まれています。団氏は総務省事務次官ではないものの、郵政事業庁長官を務めています。実務的にも、郵政民営化のために事業を回す必要があり、そのために欠かせない人物でもありました。

民主党政権下の二代目の斎藤社長時代にも、団氏の後任として元郵政事業庁長官の足立盛二郎が入社しました。役所らしい「順繰り人事」です。

さらに、自公政権が復帰した四代目の西室氏の時代に、元総務省事務次官の鈴木康雄氏を副社長で入れることにも成功しています。総務省としては、日本郵政副社長というポストは同じながら、元郵政事業庁長官から元事務次官に格上げできた格好で、これは「再国有化」状態であったからこそ可能な芸当です。

民間出身の西川氏は、前述のように腹心の部下二〇人を引き連れて、郵政という巨大組織を本気で改革しようとしました。しかし西川氏のあとに来た民間出身の社長に、そうした覚悟は見えません。日本郵政内部の実権は、どうあっても鈴木副社長が握ることになっていたのでしょう。総務省から情報を入手できるとなれば、ますます鈴木副社長の権力は増します。郵政「再国有化」時代においては、官僚出身者が完全に実権を握っていたことが容易に推測できます。

情報漏洩の根本原因を叩くには

民主党政権時代の再国有化によって役所から郵政への天下りが容易になったのが、今回の情報漏洩の根本原因です。かんぽ生命保険の不適切販売問題も根は同じで、再国有化がいかにひどい政策であるか、よくわかります。

解決のためには再民営化しか手はありません。しかし大きな政治リソースを割く必要があり、安倍政権では不可能でしょう。実際、五代目の長門氏と鈴木副社長は辞任し、二〇二〇年一月、六代目の社長には建設省出身の増田寛也氏が就任しました。かんぽ生命と日本郵便の後任社長は旧郵政省出身者が充てられました。したがって、ポスト安倍の総理大臣に期待するしかありません。

幸い、民主党の「再国有化」法案に反対した政治家はまだ残っています。当時、自民党の方針に造反して再国有化法案に反対したのは中川秀直議員、菅義偉議員、小泉進次郎議員、平将明議員だけ。政界を引退した中川氏を除けば、菅氏と小泉氏はいま閣内（第四次安倍政権）にいて、ポスト安倍の候補者でもあり、平氏も当選五回の中堅です。

日本郵政の成長性に魅力がないのは、誰でもわかります。このことを象徴するように二社を抱える持ち株会社である日本郵政の株式は上場後、動きが冴えない。日経平均の伸びに大きく水をあけられています。

筆者の見立てでは、完全民営化ができなかった郵政は経営困難に陥るはずです。再建の手立てがあるとすれば、小泉政権が行なったような完全民営化に向かわざるをえない。そのときを待つしかないでしょう。

完全民営化して自らの力で生き残るしかないと思えば、なりふり構ってはいられません。業態転換を含めた大胆な路線変更を選ぶでしょう。ジリ貧の郵便事業を黒字化するのは困難なので、ターミナル駅前に持つ不動産を活用して賃貸収入を得るなどの努力をすべきです。東京駅前に所有する不動産を高層ビル化し、年間一〇〇億円規模の収益を生んだ成功事例もあります。開発できる不動産は大阪駅や名古屋駅など、全国の大都市にまだ残っています。郵便局がコンビニに業態転換する手もあります。都内や大都市部の郵便局であれば、成功する可能性は少なくない。

この程度の知識をもとに危機感を訴えることができないのも、独自の取材をせず、情報を持たず、民営化の本質を何も知らないＮＨＫや民放、新聞の限界でしょう。

民営化の大原則は「公共財か、私的財か」

筆者は官僚時代、さまざまな分野で「民営化」の企画立案をしてきました。郵政民営化はいうに及ばず、道路公団民営化や営団地下鉄民営化しかり、政策金融の民営化などです。その際、経済学の見地による民営化成功の大原則は「公共財か、私的財か」を判断する、ということです。さらに「準公共財」(quasi-public goods）にあたるもののうち、「私的財」に相当するものを精査して切り分ける必要があります。

公共経済学では、財・サービスは国防、警察、消防のように公（政府）が提供しないと不都合が生じる「公共財」と、民間が提供可能でかつ不都合が生じない「私的財」、さらに民間でも政府でも提供できる中間的な「準公共財」に分けられます。

たとえば道路公団の民営化についていえば、公団時代は、道路は公共財として所有・建設から管理運営まで一貫して担っていました。

ところが道路の所有は公共財だとしても、建設と管理運営事業は私的財として分けて考えることができます。つまり、事業それ自体は「準公共財」なのです。そう判断したうえで、建設と管理運営事業は民間企業のほうが得意でコストも安価で済むので、全国組織だった日本道路公団を分割・民営化したわけです。

次に、郵政の事業について見てみます。郵便、郵貯、簡保の三事業があり、このうち郵貯と簡保は金融事業ですが、完全に民間でも可能な「私的財」です。残る郵便事業も郵便小包などはむしろ民間の宅配事業のほうが効率的で、唯一、公共財の部分は信書やハガキの全国一律サービスぐらい。それも急速にインターネットやSNSに置き換えられつつあり、将来的には消えていくでしょう。だからこそ郵政は完全民営化が可能な私的財であり、最終的に生き残る道もほかに存在しないのです。

再国有化された郵政のように、「準公共財」のなかの「私的財」を切り分けないまま、半官半民の状態を認めるのは経済学の理論的にも間違いで、政策の失敗のもとにほかならない。

「準公共財」であるNHKについてのちに詳述しますが、公共財としての放送と私的財の放送を切り分けることで、答えは自ずと見えてくるはずです。

あいちトリエンナーレの公共経済学

「公共財」と「私的財」を区別する判断が生きる格好の事例が、二〇一九年八月一日に愛知県内で開幕した国際芸術祭「あいちトリエンナーレ2019」です。ご承知のように、企画展「表現の不自由展・その後」をめぐる論争から、七十五日間の開催予定が、わずか三日で中止になりました。

経緯を簡単におさらいしておきます。同企画展には慰安婦を表現した「平和の少女像」や昭和天皇を含む肖像群が燃える映像作品など、二十数点が展示されていました。「表現の不自由」をテーマに過去に文化施設で展示不許可になって撤去された作品を見せ、「表現の自由」について議論を起こす狙いがあった、といいます。

展示内容について抗議や批判が殺到し、主催者側の一人である河村たかし名古屋市長が少女像などの展示中止を求める抗議文を出す騒ぎになりました。

芸術祭の実行委員会会長を務める大村秀章愛知県知事は、企画展の中止を表明した会見で、「(抗議が)これ以上エスカレートすると、安心安全の確保が難しい。総合的な判断だ」と説明し、現場を任されていた芸術祭の芸術監督を務めるジャーナリストの津田大介氏は、「想定を超えた抗議があった。表現の自由を後退させてしまった」と述べました。

大村知事は「卑劣な非人道的なファクス、メール、恫喝・脅迫の電話等で事務局がまひした」「(中止は)、諸般の状況を総合的に鑑み、円滑な運営のための判断」とも述べたことから、表現の自由が蹂躙《じゅうりん》され、暴力的な手段で中止に追い込まれた、といいたいようです。一方の河村市長は、少女像や天皇に関する展示を「日本国民の心を踏みにじる行為」だとし、批判する側は、芸術に名を借りた反日行為であるという認識を示しました。

公費獲得という関係者の本音

はたして「表現の自由」が蹂躙されたのか、そうではないのか。両者を判断するうえで重要なポイントは、今回の企画展に公費が支出されているか否かだ、と筆者は最初から考えていました。

二〇一九年九月二十五日に、愛知県の設置した「あいちトリエンナーレのあり方検討委員会」が中間報告を発表しています。その翌日、文化庁は約七八〇〇万円の補助金を全額不交付とすることを決定。安全面の懸念を愛知県が文化庁に対して事前に申告しないなど、交付申請の手続きが不適当と判断されたからです。

これに対して、マスコミは強く反発しました。『朝日新聞』は二〇一九年九月二十七日の社説で「あいち芸術祭　萎縮を招く異様な圧力」と主張し、愛知県の大村秀章知事も、補助金打ち切りについて「係争処理委員会で理由を聞く」と語りました。「表現の自由」などは建前にすぎず、結局のところ公費獲得という関係者の本音が徐々に浮き彫りになった格好です。筆者は、公金を使わないのであれば最大限の表現の自由が認められるべきだと考え、仮に今回、朝日新聞文化財団が費用を負担し、朝日新聞社の社内で展示が行われていれば、どんな内容であろうとまったく問題ない、という立場でした。

文化的な財・サービスは「準公共財」である

ある分野への公費支出が正当化されるか否かを考える理論的根拠が、先述した公共経済学です。芸術文化への公費支出についてもすでに研究がなされており、ボーモル（W. Baumol）とボーエン（W. Bowen）による一九六〇年代の研究が嚆矢《こうし》でした。

学者の最大公約数的な理解として、文化的な財・サービスは「準公共財」であるとされています。私的財と公共財の両方の性質を抱えて準公共財は、「市場の失敗」によって最適な資源配分が実現されにくい（社会に不都合が生じる）ことがあるからです。

たとえば、絵画は市場で取引されるので私的財であるともいえますが、個人が名画を所有することで作品を見る機会が個人と家族などに限定され、私的便益と社会的便益のあいだに乖離が生じる、ともいえます。

他方で、美術館で作品が一般に公開されて大勢が鑑賞できる機会が設けられれば、両者の乖離はなくなり、絵画は社会的に正当な価値が得られるわけです。こうした「準公共財」は価値財（merit goods）ともいわれ、専門家による鑑定など一定の価値判断ならびに社会的判断が求められます。

芸術文化は純粋私的財ではないため、最適な社会的供給のためには公的支援の必要性が正当化されると同時に、社会的な判断をも要求される。「表現の自由があるから、どのような内容であれ公費支出を受けられる」という話ではないのです。

あいちトリエンナーレは文化庁の助成事業で、民間からは朝日新聞文化財団などの助成も受けています。もし仮にこの芸術祭への助成が純粋に民間のものであれば、表現の自由は最大限に尊重され、責任はすべて表現者個人に帰するでしょう。企画展を見たくなければ見ない自由もあるので、大きな社会問題にはならなかったはずです。

「国民の納得・了解があるかどうか」がポイント

一般論として、特定の芸術作品を公費助成の対象にしないというのは、必ずしも表現の自由の侵害にはあたらない。これは世界中どこでも通用する、シンプルな原則です。「あいちトリエンナーレのあり方検討委員会」の報告書は、公費支出を認めるべき論拠として国公立大学の講義を持ち出していますが、大学の講義も「準公共財」や「価値財」の典型例です。その背後に「国民の納得・了解」があるという事実について、いっさい言及していないのは情けない限りです。

国公立大学に公費投入が許されているのは、現行の制度が変わらない（大学では価値ある教育が行われていると国民が見なしている）という前提があるからであり、もし国民の納得・了解が得られない状況に陥れば、国公立大学であろうと民営化され、公費投入がなくなることもありえます。講義で政府批判が行われているどうかは問題の本質ではなく、あくまで「国民の納得・了解があるかどうか」がポイントなのです。

すべての公費支出には議会の承認（民主主義のプロセス）が必要であり、そのためには国民の納得・了解が必要になる。芸術祭への支出においても例外ではありません。こうした公費の大原則について、検討委員会で議論された形跡はなく、報告書も「公費支出は当然」という結論ありきの立場で書かれているということです。

「公費支出は当然」という結論は、裏を返せば「大村知事には問題がない」ということになり、現場責任者の津田氏に責任を被せるというかたちになっています。公費支出が民主主義プロセスを経て行われる以上、国民がその内容を理解しておく必要があるのです。

一部メディアの「どのような内容であれ、公費支出は当然」という論調は、したがって誤りです。展示されていた昭和天皇の肖像が燃える映像作品（ネットではいくらでもこの種の映像を見られます）については、映像そのものをニュースで流しているわけではない。作品を不快と思う国民が多ければ、公費支出は難しいでしょう。

なお、中間報告ではこの昭和天皇の肖像が燃える映像作品について「作者の意図が伝わっていない」など作者目線の言い訳をするばかりで、公共財の観点から見た疑問にはまったく答えていません。公共経済学の議論からすれば、作品について多くの国民が否定的ならば、社会的便益はマイナスであると判断され、イコール公費支出はゼロになります。

「公費支出は当然」と主張する新聞が作品の内容をきちんと報じないのも、国民に適切な情報を提供するマスコミの使命に反しています。もし詳しく報じれば多くの国民からの反発が予想されるが、それを理由に流さないのだとしたら、たんに「公費をせびっているだけ」と見なされても仕方ないでしょう。

あぶり出された芸術利権

あいちトリエンナーレをめぐる騒動で唯一よかったことは、「表現の自由」や「検閲反対」をいいながら公費を要求する芸術利権ともいうべき人びとがあぶり出されたことです。

公費支出をチェックする主体は国民で、地方自治体であれば、住民は監査請求が可能です。住民訴訟もできます。国の場合にはそうした制度はないので、国会などで追及するしかない。

もし文化庁が展覧会に予算を支出するなら、同年十月からの臨時国会で与党から追及を受けたはずですが、支出が取りやめとなったため、野党は「どうして支出しないのか」と質問することになりました。結局はマスコミも巻き込んで左派と右派のイデオロギー論争になりましたが、本来であれば公共経済学に基づく考え方で公費支出の正当性を論証しなければなりません。

「外資の乗っ取り」規制はとっくに講じられている

継続審議を経て二〇一八年十二月に成立した「改正水道法」についても、マスコミは基本的なことを理解していませんでした。当時、新聞は同法案をめぐって「水道民営化」と報じていました。この言い方、ものの見方そのものが間違いです。

通常国会での採決を見送り継続審議になったあとのTBS系『サンデーモーニング』では、水道法改正について「民営化で外資に乗っ取られる」という視点から、批判的に取り上げていました。

この批判には心底ウンザリします。郵政民営化以来、民営化が俎上に上がるたびに、マスコミからはいわゆるハゲタカ脅威論の批判が出ますが、これまでそうした事例は筆者の関係する限り一例もありません。

というのは、筆者が民営化のプランを作成するにあたり、備えあれば憂いなしで国際標準の「予防対策」も当然、施していたからです。

たとえば郵政民営化の場合、郵貯は民営化によって銀行法上の「銀行」になりますが、銀行には三重の主要株主に対する規制があります。

第一に、株式を五%超保有する場合の大量保有規制。その場合、五営業日以内に銀行議決権保有届出書を提出しなければならない。

第二に、株式の二〇%超を保有する場合の銀行主要株主規制。この場合、あらかじめ金融庁長官の認可を受けなければならない。

第三に、株式の五〇%超を保有する場合の支配株主規制。この場合、金融庁長官は支配株主傘下の銀行経営の健全性維持のため監督上必要な措置ができることとなっている。

郵貯は銀行法上の銀行ですが、これらの規制があるため、三菱UFJ銀行が外資に乗っ取られないのと同様に、郵貯が乗っ取られることなどありえません。そもそも郵貯資産二〇〇兆円は貯金者のものであって、銀行の株主のものではない。さらに、外国業務を行わない郵貯に外資が投資するというのは考えにくい事態なのです。外資乗っ取りを煽る民放や、「公共放送」を謳うＮＨＫが、前記の三重規制の事実を「公平に」伝えた形跡は見られません。

なお、ＴＰＰ（環太平洋パートナーシップ）との関係でいえば、外資規制は多かれ少なかれ諸外国にもあり、外国資本を不当に差別するものではありません。

水道法改正はそもそも民営化ではない

さらに筆者は法案を熟読しましたが、そもそも水道法改正は本当の意味で民営化（privatization）ではありません。成立した水道法改正法案（https://www.mhlw.go.jp/topics/bukyoku/soumu/houritu/dl/196-18.pdf）を読むと、どこが「民営化」なのかさっぱりわかりません。

水道法改正は、従来の「民有民営」という意味の民営化ではありません。「官民連携」すなわちコンセッション方式というべきものです（法律案の概要 https://www.mhlw.go.jp/topics/bukyoku/soumu/houritu/dl/196-16.pdf）。

コンセッション方式では、施設の所有権は官が保持するので、外資はいくら頑張っても乗っ取ることができません。これは企業のオーナーをイメージしていただければわかりやすいでしょう。いくら経営権があっても、雇われ社長（民間）はオーナーには頭が上がらない。

要するにコンセッションとは、いま行われているような民間への業務委託の延長線のものであり、民営化にはほど遠い方式なのです。

民営化＝外資に乗っ取られるという誤った見方も問題ですが、そもそもこの程度の事業を「民営化」とひとくくりに片付けてしまうのは、視聴者をミスリードすることにつながらないでしょうか。『サンデーモーニング』の番組スタッフは、水道法改正法案を本当に読んだのか、と疑いたくなるほどです。

官民連携を「民営化」と一言で片付け、ステレオタイプの批判をするのは日本のテレビでたいへんよく見られる手法です。

メディアは「民営化」とさえいっておけば、紋切り型の報道に条件反射する人がいることをよく知っているのだと思います。そうした人は、データやファクト（事実）よりストーリー（物語）にしか興味を持たず、メディアで取り上げられたものを確かめもせず論拠にする悪いクセがあります。

フランス、スペインは民間運営が当たり前

一口に「民営化」といっても、さまざまな形態があります。

完全な民営化とは公有公営を民有民営にすることですが、「公有民営」や「公設民営」も広い意味では民営化です。「公有民営」とは資本を公的部門が保有し、経営形態を会社化するもので、特殊会社と呼ばれる形態です。「公設民営」とは施設所有権を公的部門が持ち、運営権のみを民間に委ねる形態であり、前述のコンセッション（官民連携）と呼ばれる方式です。

そこであらためて水道事業での民営化を定義すると、「水道等の公共施設の使用権を独占的な形で民間会社に譲渡する」ということです。

欧米では、公共インフラを公的部門が所有しながら、運営権を民間事業者に譲渡することが普通に行われています。たとえばフランスは上水道の六割、下水道の五割、スペインは上水道の五割、下水道の六割を民間が運営しています。

民営化反対論者のネタ元を暴く

水道民営化の反対論者がしばしば引用、というかネタ元にしてコピー&ペーストされてネットに氾濫している「資料」があります。それは「世界的趨勢になった水道事業の再公営化」(https://www.tni.org/files/download/heretostay-jp.pdf)です。

内容を簡潔にいえば、「世界では一時期水道民営化が進められたが、昨今、その弊害が問題視され、もう一度水道事業を公営に戻す『再公営化』の流れに向かっている」とするもの。「日本の民営化は世界に逆行している」と主張するのによく使われます。

筆者がチェックしたある番組に、この「資料」をもとにパリの再公営化事例(一度は民営化したが、問題があったから再び公営化した事例)を取り上げるものがありました。

ただし反対に、日本から直接パリに赴いて再公営化の事情を聞いてきた人もいて(https://sugiyamamikito.com/bill/20181205/)、その人の「調査結果」を見ると、まったく違う視点からこの再公営化を捉えています。

ボリビアと日本を並べる

「水道民営化」のレッテル貼りをする論者は、先に挙げたネタ元サイトから「世界の再公営化リスト」を引用していました。二〇〇〇年から二〇一四年の再公営化例は世界で一八〇件もあるというのですが、これらすべてに前述した物差しで「本当に民営化なのか」を検証しているかどうか、わかりません。

民営化反対の論者はしばしば世界の再公営化リストから都合のよい事例を取り上げ、根拠としてきました。たとえば、南米ボリビアの例です。「ボリビアでは水道の民営化によって水道料金が上がり、水の汚染が進んだ。日本も同じ事態に陥る」というのです。政治情勢も国力も異なる二国を無条件に並べる適当さには、唖然とするほかありません。

最近は、さすがにボリビアと日本を並べるのは無理があると思ったのか、代わりに「ヨーロッパでは水道が飲める国が少ない」という話が持ち出されました。

水道の民営化がヨーロッパで進んだ結果、安全よりも経済性が追求されたために水道水の質が落ち、水道水を飲める国が少なくなった、という主張です。

こうしたウソはすぐにバレる。というのは、水道水が飲めるかどうかは、旅行者にとっても重要なことなので、調べればすぐわかるからです。

インターネットで「tap water safe world」と検索すれば、使える情報がいくつも出てきます。代表的なものは「A Travelers Guide to Tap Water」(https://www.mappingmegan.com/travelers-guide-to-safe-tap-water-countries-with-unsafe-drinking-water-can-i-drink-the-water-in/)。上記のサイトから、ヨーロッパではだいたい水道水が「飲める」ことがわかります。世界で水道水が飲める国は、ヨーロッパの国々に加えて、アメリカ、カナダ、オーストラリア、ニュージーランド、日本、韓国など。もともと水道水が飲めない国の水道民営化の事例を持ち出してきても、比較に意味がありません。

そこで日本の参考になるであろうヨーロッパを見れば、ヨーロッパ諸国には水道事業に関する組織団体があるはずです。調べてみると案の定、欧州各国の水道事業の連合組織「EurEau」(http://www.eureau.org) がありました。

メンバーは二八カ国で、官民の事業体が参加し、五億人に飲料水を提供している。その団体が発行したレポート (http://www.eureau.org/resources/publications/150-report-on-the-governance-of-water-services-in-europe/file) が参考になります。

改正PFI法のマイナー修正にすぎない

事業体を経営形態で分類する場合、一般的には、①直轄公営、②公営委託、③民営委託、④民間会社の四つがあります。

日本の上水道を見ると、上水道と簡易水道を合わせて七〇〇〇ほどの「事業」があり、そのほとんどは①直轄公営です。しかし面白いことに、④の民間会社も九件あるの

経営形態分類

	① 直轄公営	② 公営委託	③ 民営委託	④ 民間会社
	官そのもの	官と別組織		
施設所有権		官	官	民
経営権		官	民	民

です。

通常、民営化とは④民間会社を指し、筆者はこれを本物の「民営化」と考えています。②公営委託は特殊会社化、そして③民営委託は官民連携（コンセッション）のことです。

日本で成立した水道法改正は、④民間会社の意味での民営化ではなく、③の「民営委託ができるようになった」ということですが、じつはこれも正確ではない。読者は混乱するかもしれませんが、厚労省が提出した法案（https://www.mhlw.go.jp/topics/bukyoku/soumu/houritu/196.html）を読むとわかります。

じつは、③民営委託についてはすでに一九九九年のＰＦＩ法、二〇〇一年の水道法改正である程度できるようになり、さらに民主党政権下の二〇一一年に成立した「改正ＰＦＩ法」によって完全に可能になっているのです。

水道法改正は基本的に右の流れに沿ったもので、目新しい話ではありません。すでに二〇一一年、改正ＰＦＩ法で実現可能になった③に関するマイナー修正にすぎない。

二〇一一年に成立した法律では、地方自治体が民営委託した場合、水道事業の免許を返上せざるをえなくなるため、万が一の事態が起きたときに行政が対応できなくなる恐れがあり、その部分が問題視されていました。たとえるなら「自動車の運転ができる社長がお抱え運転手を雇ったら、運転免許を返上しなければならない」というような変わった法律だったのです。

二〇一八年の水道法改正は「普段は自身が運転しなくとも、自分で運転しなければならない事態に備えて免許証はあったほうがよい」という常識に戻るもので、二〇一一年に認められた③民営委託をより実現しやすくする、という意味合いがありました。

むしろ運営コストが下がる

二〇一一年の改正PFI法によって公共インフラは道路、鉄道、港湾、空港、河川、公園、水道等の公共施設と幅広く定められており（PFI法二条）、これらは原則としてコンセッションが可能になっています。

また、PFI法には「民営化」の基本原理も書かれていて、収益が費用を上回る場合等の理由により、「民間事業者に行わせることが適切なもの」について、民営委託ができるとされています。民間ノウハウの利用により「低廉かつ良好なサービスが国民に対して提供される」という。

簡単にいえば、従来の「公有公営」のままと比べて、「公設民営」のほうが国民にとって有益であれば民営化される、というのが基本的な考え方です。逆に上の条件が満たされない限り民営化は許されない、ということです。水道民営化においても、この原則は貫かれるものです。

一方、水道民営化に対する批判的な論は「国民の資産である水道施設が乗っ取られて外資は営利目的の商売で潤い、国民は高い水道料金を払わされて、ひいては水道水の安全基準まで危なくなる」という筋立てで語られます。

こうしたまやかしが通ってしまうのは、本来、水道民営化を推進する立場である政府の説明が舌足らずであることにも起因します。政府の説明では、水道施設の老朽化が進むなか、人口減少時代を迎えるので水道料収入も減少し、設備更新がままならないことを水道民営化の理由（法律案の提案理由）としているからです。

あたかも水道施設まで民間に売却し、設備の更新まで民間に委ねるように映りますが、あくまでも運営権の民間譲渡なので、資産は対象に含まれていません。そもそも設備更新については、資産所有者である公的部門の借入コストのほうが民間より低いので、公的部門が行なったほうがむしろコストが下がります。水道法改正は、あくまでも運営コストを下げるためにコンセッション方式を活用する、という話なのです。

二一〇〇件のうち八件になぜこだわるのか

先述したように、日本ではおよそ七〇〇〇件ある「水道事業」のうち、ほとんどは①直轄公営です。では、ヨーロッパではどうでしょうか。先述したレポートでも各国の制度が異なるため、各国を横断した統計数字は載っていませんが、ドイツにはやや詳細なデータがあります。

それによると、ドイツの事業数は六〇〇〇程度あり、内訳は②公営委託三九〇〇、③民営委託二一〇〇程度となっていて、ヨーロッパでも、イギリスやチェコを除いて④民間会社は少ないようです。

これに加えて、反対派のネタ元になっている資料を見ると、ドイツでの再公営化の実例は八件となっています。これは、基本的に③民営委託から②公営委託へという経営形態の移行と考えられます。先述したパリの水道事業の再公営化も、④民間会社から①直轄公営ではなく、④民間会社から②公営委託への移行と見てよい。

つまり、反対派が掲げる「再公営化」というのは、日本でいうところの①直轄公営ではなく、②公営委託であることに留意が必要です。

大阪市で議論になった「水道事業問題」も、よく見れば②公営委託です。これは国でいえば、国の事業としてではなく、事業はそのままで、国の子会社である「特殊会社」に水道事業をやらせるだけ。この案がなぜ否決されたのか、不思議なくらいです。

当時の議論でも、意味不明な「民営化」という言葉が一人歩きして、議論が混乱した印象があります。大阪市の提案に反対者が「パリでは民間化が失敗して再公営化となった」といってきたら、「大阪市が目指すのはまさに再公営化（パリは②公営委託への移行を行なった）です」といえば済む話ではなかったか、と思います。

ドイツでの再公営化の実例が八件あった、という話は「八件もあったのだから、やはり民営化は問題だ」というストーリーでメディアが飛びつくのでしょう。しかし（そもそも「民営化ではない」という点は措《お》くとしても）、母数を見れば話は別。なにしろドイツの「民営委託」案件は二一〇〇件もあり、そのうちたった八件が②公営委託に移行しただけなのです。だから、これを「民営化の失敗で移行した」と数えても、失敗率は二一〇〇分の八。わずか〇・四％にすぎません。

常識的には「レアケースだ」と判断できますが、文系が多い記者にはこの数理判断ができない。

残る反対派の話は「一度民間に移してしまうと、簡単には再公営化できない」というぐらいでしょう。しかし、もともと反対派が期待する①直轄公営は、ドイツではほとんどない。したがって、議論が意味をなしません。

力のある公営事業体を特殊会社化する

以上の数字やファクトを見る限り、少なくとも「官民連携」は失敗する確率が低い有効な政策である、といえます。

水道の民営化は、欧州では歴史があり、現在では五、六割以上が民営化されていることを述べました。さすがにそこまで民営比率が高くなると、なかにはおかしな民営化の事例もあり、ごく一部で揺り戻しが生じている、という程度の話でしょう。

日本の場合、水道民営化の例はほぼゼロからのスタートなので、現行の水道料金や事業に関する規制の下で運営を任せる民間業者を選定しても、サービスの質は低下しないでしょうし、現状よりよくなるケースも少なくないはずです。

さらにいま、日本では水道サービスの供給範囲が必ずしも広くなく、規模の経済（スケールメリット）を十分に享受できていません。民間業者が複数の自治体の水道事業を引き受ければ、規模のメリットを生かすことも可能です。

また、現に地方自治体の水道公営事業体の一部は、国際展開も視野に入れて活動をするなど、ある程度の競争力を持っています。力のある公営事業体を特殊会社化するのも「水道民営化」なので、民営化にあたっての選択肢は幅広いのです。

コンセッションへの移行は首長の判断しだい

実際に、日本の自治体が水道事業の②公営委託や③民営委託への移行を検討する場合、まず「市場化テスト」を行う必要があります。現状のままで水道事業を行うのと、民間などに委託することでどれだけコストが下がるか、提供サービスの質が維持されるのかなどをチェックするものです。

コストが下がらないのであれば、移す意味はありません。しかしいままでの実証分析では、民間で提供可能なサービスは多くの場合、サービス水準が同じならコストは委託のほうが下がる結果が出ています。やはり役人組織による運営には省けるムダが多い、ということです。

さらに今後、全国の自治体で人口減少が進み、水道事業がジリ貧になることは目に見えています。設備固定費は人口減少で割高になるからです。

水道事業は、当面広域化で対応しますが、そのうちに経営形態の見直しに対応しないと、ジリ貧のままです。つまり、①直轄公営のまま「ドボン」するのか、②公営委託か③公営委託でジリ貧を緩和するのか、という二択で、決定は首長の判断しだいです。

水道法改正は、改正ＰＦＩ法よりほんの少しだけ、地方の首長が決断を下す際に役に立つものとなっています。当時、改正ＰＦＩ法に賛成したのは政権与党だった民主党の議員であり、二〇一八年の水道法改正に反対した立憲民主党、国民民主党、無所属議員のなかには元民主党の議員がたくさんいる。国会議員の変節には呆れるほかありません。

次章では、「準公共財」としての視点やインターネット配信の時代を見据えた欧米の公共放送の現在地や、ＮＨＫが決して伝えない「海外公共放送の料金徴収システムの実態」を踏まえたＮＨＫの民営化について論じます。

第二章

NHKにCMが流れる日

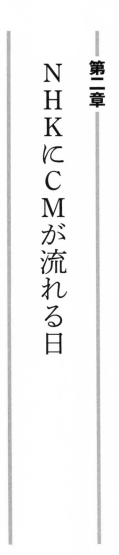

防災情報はスマホで得られる

これでＮＨＫは民営化に一歩、近付いた――そう思わせる体験から述べたいと思います。

二〇一九年十月十二日に上陸した台風一九号（令和元年東日本台風）は、東日本に甚大な被害を与えました。

筆者は、週末に大阪でテレビ番組の収録があったために関西にとどまらざるをえず、自宅のある東京・板橋区周辺の状況が気がかりでした。というのは、台風一九号は六十一年前の一九五八年九月、関東地方に甚大な被害を与えた「狩野川台風」の再来といわれていたからです。

当時、三歳だった筆者にはっきりとした記憶はありませんが、子供のころに周囲の人から被害についてはだいたい聞いていました。近くの石神井川が氾濫し、板橋区の資料には「浸水面積五平方㎞、浸水戸数一万二八〇〇戸におよぶ大被害」と書かれています。その後に来た台風でも、石神井川がしばしば氾濫したことをよく記憶しています。

昔は川が氾濫する場所がある程度決まっていたので、危ない地域には人は住まなかったものですが、いまでは立派な住宅地になっています。もっとも最近では、氾濫が予想される場所は、あらかじめ更地化して防災拠点としているところもあるようです。

台風一九号が猛威を振るうなか、川の様子が気がかりでした。自宅は川からかなり離れているので、氾濫しても浸水することはまずないものの、板橋区のハザードマップで見ると、場合によっては危ういところに住んでいる親戚などもいたからです。

いまは大阪にいながらにして、スマホの画面で石神井川の様子がリアルタイムで把握できますし、水防災総合情報システムのライブカメラもあれば、石神井川の防災情報もネットで得られます。

ＮＨＫの防災アプリも有用で、ＮＨＫの放送をそのまま同時に（十数秒程度の遅れはあるものの）ネット配信してくれるので、常時チェックしていました。筆者のようにテレビを見ない人間でも、インターネットで地上波＋アルファの災害情報を手に入れることができるのです。

すると十二日の夕方、石神井川が氾濫危険水位を超えたというニュースが入りました。筆者の住んでいる地域にも「避難準備」の情報が出されましたが、のちに解除され、大事に至らずに済みました。

インターネット同時配信を実行したNHK

災害報道のネット同時配信の端緒となったのは、二〇一一年の東日本大震災です。当時はまだ法制度上の制約があったのですが、停電などによってテレビを見られず、ラジオを持っていない人、避難所でスマホしか手元に端末がない人に向けて災害関連情報を届けるための特別措置として、NHKと一部の民放がインターネットでの同時配信を決断・実行しました。

災害時にスマホでテレビのニュースが見られることを実際に経験してしまうと、視聴者から「なぜテレビ番組が手元の画面で見られないのか」という疑問が出てくるのは当然です。とくに若年層は、テレビを見るより「ＹｏｕＴｕｂｅ」などのインターネット動画を見る時間のほうが圧倒的に多いのですから。

東日本大震災以降も災害報道のインターネット同時配信は行われていましたが、二〇一九年六月の改正放送法の成立により、ＮＨＫ地上波の全番組が常時ネット配信できるようになりました。民法は、法制度上はすでに可能です。

放送業界はいまや、否応なくインターネット同時配信と向き合わざるをえません。とはいえ、民放はいまだに「ＴＶｅｒ」など見逃し配信サービスに同時配信を限定しており、完全な同時配信に踏み切っていません。

課金はどうするのか

その一方で、ＮＨＫは総務省の認可を受けて二〇二〇年三月一日、総合とＥテレのインターネット常時同時配信サービス「ＮＨＫプラス」を開始しました。携帯三キャリアが新たに5Ｇサービスをスタートする時期という絶妙なタイミングでのスタートでした。

このサービスはスマホとタブレット、パソコン向けに配信され、ＮＨＫとの視聴契約があれば登録のうえ、無料で利用可能です。視聴契約者に発行される一つのＩＤで同時に五台のデバイスで視聴でき、総合とＥテレの同時配信だけでなく、一週間分の見逃し視聴が可能です（ただし、著作権の問題で同時配信できない部分もあります）。

筆者は、民放が拒否していた世界標準のインターネット同時配信を「ＮＨＫを使って強引に推し進めてしまおう」というのが、総務省認可の狙いだと読んでいます。日本でもインターネット同時配信が当たり前になると、ネット上で地上波放送の番組を見る人が確実に増えていく。十年後には地上波用のアンテナがなくなっている可能性もあります。

そのとき、課金はどうするのか。端末で電波を受信するわけでないので、ワンセグ課金の仕組みは使えません。あるいは現行の受信料システムは温存されるのか、新たな収益源は何か、どこまでが公共放送のサービスなのか、といったＮＨＫの根幹を揺るがす課題が次々と浮上してくるでしょう。いずれにせよ、受信料をいままでのように徴収すればよい、と考えるＮＨＫの考えは通らなくなると思われます。

そう、賽《さい》は投げられたのです。

「ＮＨＫの肥大化につながる恐れがある」？

じつは「ＮＨＫプラス」の認可申請は総務省から一度、差し戻されています。

二〇一九年十一月八日配信の共同通信の報道によると、高市早苗・総務相は同八日の閣議後の記者会見で、ＮＨＫのネット常時同時配信に関連して「業務の縮小や効率化を検討するよう要請した」と明らかにし、「ネット業務が、ＮＨＫの肥大化につながる恐れがある」との考えを示しました。

ＮＨＫはこの要請を受けて、業務を縮小し、予算を削減したうえで総務省の認可を得ています。

これは、本来ならマスコミが取り上げるべき大きな問題です。放送法は、ＮＨＫのインターネット同時配信を可能にするために改正されました。国会で可決・成立したということは、間接民主主義の下では国民の了解が得られたのと同義です。それを総務省が反故にする、などということはありえない。

ＮＨＫの肥大化が民業を圧迫する恐れがある、というのも、国会での法案審議などを通じて決着した議論のはずで、いまさら蒸し返すのはまったく腑に落ちません。

地方のテレビ局を守りたい

総務省の変化の裏に、いったい何があるのか。調べると理由はすぐにわかりました。日本民間放送連盟（民放連）の大久保好男会長が、ＮＨＫのインターネット常時同時配信について以下のように語っています。

「『民間事業と競合しないよう、過度の肥大化が進まないよう、節度をもって抑制的に運営してほしい』と改めて注文した。東京都内で開かれた第六十七回民間放送全国

大会のあいさつで言及した」（二〇一九年十一月六日『読売新聞』オンライン版）

先述のように民放はすでに制度上、可能なはずのインターネット常時同時配信サービスの提供を躊躇しています。スポンサー離れなども心配しているようですが、本音はインターネット常時同時配信になると、独自のコンテンツを持たず、中央のテレビ局からの配信に依存する地方のテレビ局が「過度の肥大化」のせいで深刻な経営苦境に陥る、といったところでしょう。また地方のテレビ局には中央のテレビ局からの「天下り」が多く、既得権者にとっては死活問題のようです。

総務省はこうした膠着状態を打破するため、インターネット常時同時配信を望むNHKを利用する、という「毒には毒を」という戦略をとったと筆者は見ています。しかも過去の経緯を調べてみると、二〇一六年にNHKでも民放並みにインターネット同時配信を可能にする法改正が企画されています。ところが、民放連が反対したために頓挫していたこともわかりました。この一件で、「抵抗勢力は誰か」が見えてきたことはプラスなのかもしれません。

欧米の放送局ではとっくに実現

日本の放送業界ではネット同時配信をめぐり、民放がＮＨＫの足を引っ張るというゴタゴタを見せ付けたわけですが、はっきりいって世界的には「周回遅れ」です。テレビ番組がインターネットで同時視聴できるサービスは、十年近く前から欧米の放送局ではとっくに実現しているからです。

イギリスのＢＢＣ（英国放送協会）は、二〇〇七年から無料視聴可能なネットサービス「ＢＢＣ ｉＰｌａｙｅｒ」を提供済みで、翌年には常時同時配信サービスを始めています。

ドイツの公共放送では、二〇一三年以降にインターネット同時配信を開始し、フランスの公共放送も二〇一二年には、インターネット同時配信を提供する無料サービスを開設しています。さらに公共放送に追随するかたちで、欧州各国の民間放送も相次いでネット同時配信サービスをスタートさせました。多チャンネル化が進んでいるアメリカでも、各放送事業者の放送をネットで再配信するサービスがいくつもあります。

欧米の制度を知るうえでは「世界の公共放送――制度と財源報告２０１８」などが役立ちます。同報告は、ＮＨＫ放送文化研究所の海外メディア調査グループが二〇一二年にまとめた「世界の公共放送の制度と財源」の改訂版で、ネット上で全文公開（https://www.nhk.or.jp/bunken/research/oversea/20180130_1.html）されています。世界の八つの国と地域（イギリス、フランス、ドイツ、イタリア、スペイン、韓国、台湾、アメリカ）の公共放送について調査してまとめたものです。

年間約三六億件の利用

ＮＨＫプラスが参考にしたと思われる、ＢＢＣのネットサービスの中核となるｉＰｌａｙｅｒは現在、パソコン、タブレット、スマホ、ゲーム機、テレビ受像機などでの利用が可能です。ＮＨＫプラスと同じような登録制で、テレビ・ラジオ合わせて年間約三六億件の利用があります。

ｉＰｌａｙｅｒの開始当初は地上波放送との共食いが懸念されましたが、その不安は払拭されています。ｉＰｌａｙｅｒの利用を通じて、ＢＢＣへの接触点が増えたと認識されるようになっているからです。

イギリスでも、若年層を中心にテレビ・ラジオの利用時間は減少が続いているため、二〇一六年度のＢＢＣのテレビチャンネルの週間接触率（週一回以上ＢＢＣを視聴する成人の割合）は七八・八％と、二〇一〇年度から七・三％減少しています。

しかし、ｉＰｌａｙｅｒを含むＢＢＣのすべてのサービスに対する週間接触率は二〇一六年度も九五％と高水準を保ち、一人当たりの利用時間も目標値を上回りました。

こうした結果をもとに、ＢＢＣのホール会長は、将来的にはｉＰｌａｙｅｒが「すべてのＢＢＣコンテンツの正面玄関」になると明言しています。

放送用電波の返上を考えはじめたＢＢＣ

そしてＢＢＣでは、テレビのネット同時配信時代における放送局の将来像ともいうべきプランが真剣に検討されています。すなわち、放送用電波の返上です。二〇三四年を目標に、ＢＢＣのDistribution & Business Developmentという部署で検討が進められているそうです。

もしこのプランが実現すれば、ＢＢＣは放送局ではなく、インターネットのコンテンツプロバイダーとしての道を歩むことになります。

テレビ局が放送用の電波を返上し、その帯域を携帯電話事業者などが活用する日が来るかもしれない。ＮＨＫのインターネット常時同時配信が実現したいま、ＢＢＣの免許返上という話は、日本のメディアの将来を私たちに想起させてくれます。

担いは企画と著作権の管理

もちろん、ＮＨＫとＢＢＣとでは体制に大きな違いがあります。ＢＢＣ本体は地デジ化を始めた二十年ほど前に放送インフラの送信部門（ハード）を分離しているほか、制作部門（ソフト）も本体の外に出しています。

BBC本体が担うのは、企画管理と著作権管理という体制になっているのです。NHKは送信部門と制作部門が一体化しています。裏を返せば、BBCは体制を変革してきたからこそ電波返上まで視野に入れることができる、といえます。

BBCが送信部門を本体から分離して以降、送信会社が別の会社に変わることもありましたが、それでBBCの災害報道に支障が生じたことはありません。「ハードとソフトは一体不可分」などという日本の放送関係者の主張は杞憂にすぎない。

明らかにスケールが違う

送信部門というハードのくびきから逃れたBBCの使命は、純粋にコンテンツの価値を高め、その価値を最大限に活用することだけです。

月刊『ニューメディア』の吉井勇氏は、「放送産業の未来」というシンポジウムで次のように語っています。

「放送には視聴者にリーチする力がある。しかし、新たなサービスの提供や視聴データの収集は放送電波ではできない。今後は世界をターゲットにするので、視聴データを基に自社サービスを向上させ顧客満足度を高めるということが重要になっていく。これは民間企業が当たり前に行なっているデータビジネスであり、日本は二十年ぐらい遅れてしまっている」

「（ＢＢＣの）ｉＰｌａｙｅｒであれば、年齢・性別・居住地域などが把握できる。他のコンテンツプロバイダーに委ねてしまっては、このようなデータが手に入らない」

ＢＢＣのホール会長は、二〇一六年に発表した今後十年の計画案として「ｉＰｌａｙｅｒでＢＢＣ以外のコンテンツを見られるようにし、イギリス製コンテンツの総合窓口となる」「グーグルが世界の情報を整理するように、ＢＢＣは世界の情報を理解することを使命に、大英博物館やロイヤル・シェークスピア・カンパニーなど一流の文化組織と協力し、イギリス文化のキュレーター的な役割を果たす、オンラインのオープン・プラットフォームを立ち上げる」としています。NHKと比べるのは酷かもしれませんが、明らかにスケールが違う。

従来の受信料制度では立ち行かない

グーグルやネットフリックス、アマゾンにさえ対抗しようとするBBCの計画案を見て筆者が感じるのは、「もはや従来の受信料制度では立ち行かない」ということです。

イギリスの受信許可料は日本円で約二万二〇〇〇円。視聴者は、郵便局で一年間有効の受信許可証を購入しなければなりません。

つまり毎年、受信料を支払ってきた証拠がないとテレビを購入できない仕組みになっています。

しかし、ハードの購入と引き換えに受信料を徴収する、という古ぼけたシステムのままでは、インターネット同時配信システムの視聴者拡大にも、グローバルな視聴者の獲得にもまったく対応できない。

新たな課金システムが必要なことは、いまや誰の目にも明らかでしょう。

「公共放送にＣＭは入れられない」は嘘

では、ネット同時配信時代の放送事業者はどうやって収益を上げるのがベストなのか。放送を含め動画視聴サービスの提供で収益を確保する方法は、じつは三通りしかありません。

①ＢＢＣやＮＨＫのように、ハードの購入・設置に対して料金を徴収する
②コンテンツごとやパッケージごとの課金、あるいは月額料金を支払う人だけが視聴できる定額制にする
③ＣＭ（広告）を入れる

吉井氏がｉＰｌａｙｅｒで可能になった世界を「データビジネス」と指摘していたよ

うに、インターネット時代といちばん相性がよいのはネット広告だと思います。

日本人の多くは「CMを入れてしまうと、公共放送としてのNHKが成立しなくなる」という洗脳にだまされているので、違和感を覚えるかもしれません。しかし、これが「嘘」なのです。

ヨーロッパではごく普通のこと

公共放送がCMで広告収入を得るのは、ヨーロッパではごく普通のことです。NHKとBBCが例外的にやっていないだけで、フランスの公共放送「フランステレビジョン」、ドイツの公共放送「ZDF」「DLR」、イタリアの公共放送「RAI（イタリア放送協会）」など北欧を除くヨーロッパ各国の公共放送は、いずれもCMによる広告収入を得ています。

もちろん広告収入を得ているからといって、放送の独立性や中立性を疑われるようなことはありません。

インターネット同時配信サービスの拡充は、必然的にネット広告の獲得に結びつくと思います。ＢＢＣやＮＨＫも例外ではない。

ＮＨＫは広告料を取り、いままで話を聞いてこなかった民間スポンサーの「常識的な」意見に耳を傾けるようにしたほうが、はるかにバランスの取れた存在になる、と思います。予算を握られて政権与党の顔色を窺うより、はるかに公共性が得られるのではないでしょうか。

テレビの広告費を超えたインターネット

テレビ放送に限っていえば、インターネットの浸透が民放の経営を圧迫していることは間違いありません。たしかにテレビ局の広告収入は減少しています。新聞や雑誌と比べて比較的減少幅の少なかったテレビ広告ですが、最近は急激に減少しています。

広告費全体のパイが増えないなか、減った分の広告費がどこに移っているかというと、当然、インターネットです。電通の調査によると、二〇一九年のインターネット広

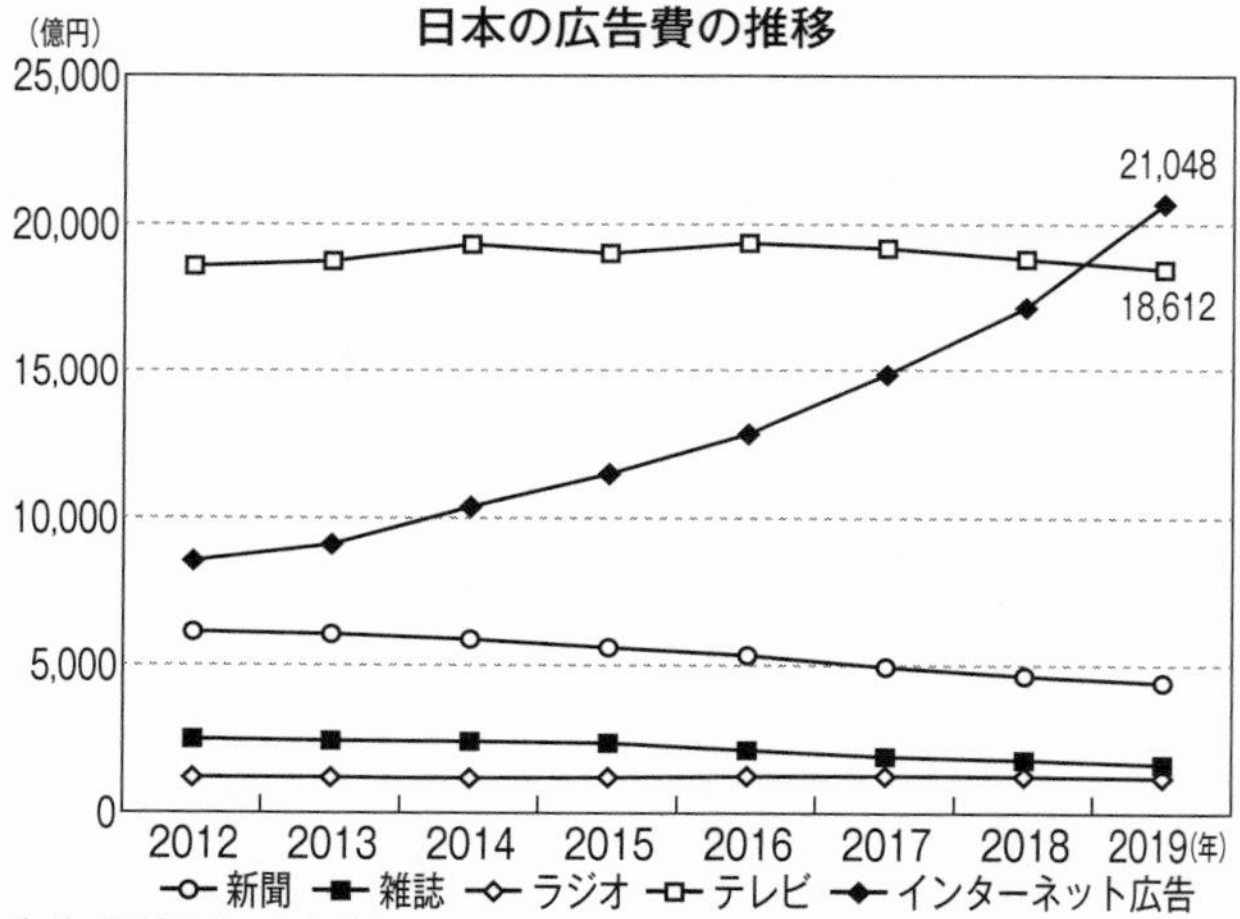

出所：電通「日本の広告費」

告の市場規模は二兆一〇〇〇億円余りで、ついにテレビ広告費を超えました。

よくいわれるように、インターネット広告は従来のマスメディアと比較して広告主のメリットが大きい。細かいターゲティングが可能で、訴求したい人の年齢、地域、性別、閲覧履歴などによる特性などを細かくセグメントして配信できるため、「誰に見てほしいか」を特定できる精度が高い。広告効果も見えやすく、掲載の手間がかからないうえ、料金も安い。

たとえば個人や少人数による動画コンテンツの制作者にとっては、テレビCMや新聞広告を打つよりＹｏｕＴｕｂｅで宣伝番組を流すほうが費用対効果は高い。登録ユーザーが増えて広告が付くようになると、広告代理店の中抜きが少ない分、実入りが多くなるからです。

以前は「儲からない」といわれていたＹｏｕＴｕｂｅのビジネスも、いまではすっかり潤うようになりました。ＹｏｕＴｕｂｅがインターネットの動画共有プラットフォームでの支配力が高まり、広告料金をいくらに設定するか、そのうち何割を自分の取り分にできるかを決める力を持てるようになったからです。

どうせ移行するならば早いほうが得

近年、インターネットの定額動画配信サービスの市場はまさに群雄割拠。熾烈なシェア争いが展開されています。ネットフリックスやアマゾンプライムは、支配的プラットフォームの座をかけて、動画コンテンツの制作に数千億円規模の投資をしています。テレビ朝日が共同出資する日本のＡｂｅｍａ（アベマ）ＴＶも、同じく価格決定権を持つ

定額動画配信の2018年市場シェア

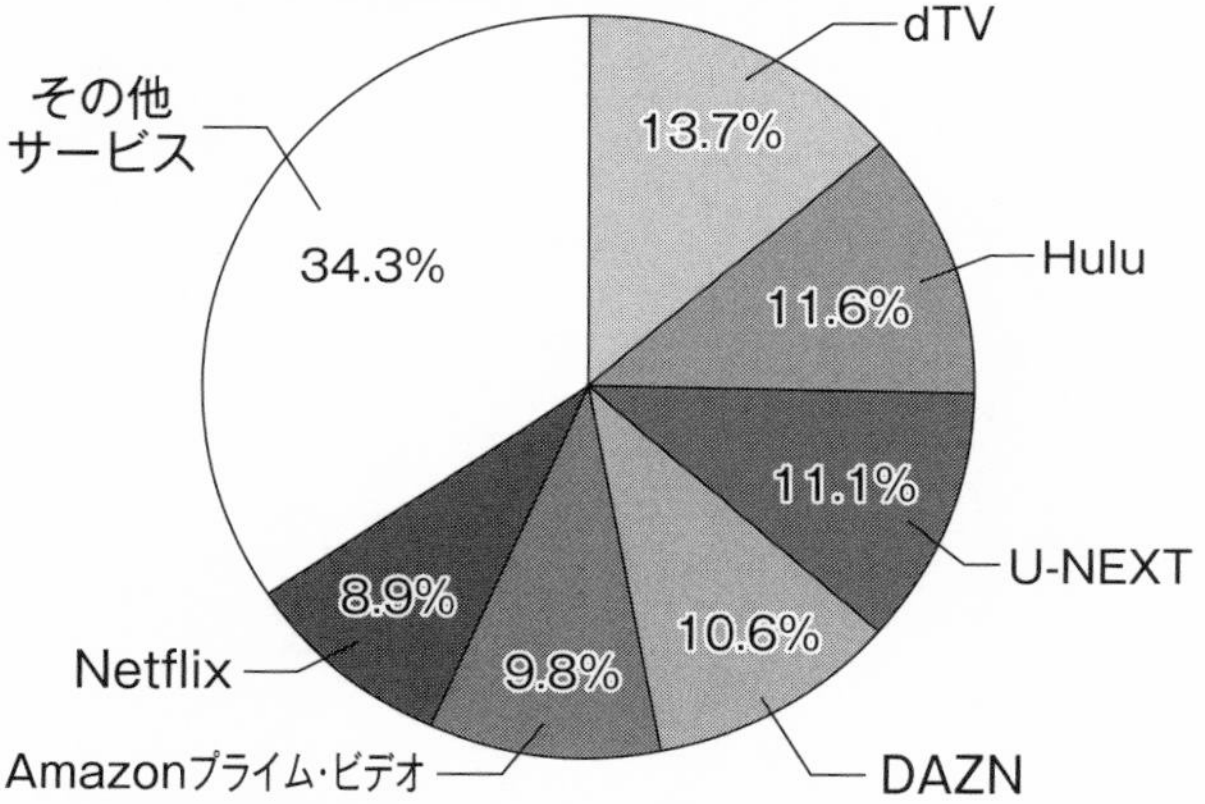

注：定額動画配信の市場規模は前年比17%増の1680億円と推計
出所：GEM Partners

インターネットメディアを目指したものですが、現在のところ苦戦しています。

もはやインターネット動画メディアへの流れは止まりません。新幹線や電車内で、パソコンやタブレットで動画を見ている人が本当に増えました。かつては新聞や雑誌、文庫本などでしたが、すっかり見る影もない。学生にしても新聞や雑誌はいうに及ばず、テレビもほとんど見ずネット視聴・閲覧だけ。日本でも動画の主戦場はテレビからネットに移行したと見て間違いありません。

筆者は、こうした時代の流れを価値観で

判断するつもりはありません。メディアの主流が活版印刷から映像へと移り変わったのと同様に、「なるようになる」しかない世界なのです。

テレビの関係者も当然、右の事情は理解しているはずです。遅かれ早かれ、時代はインターネット同時配信に移行せざるをえない。どうせ変わることがわかっているならば、早く移行したほうが得なのです。ところが、規制に守られた世界ではどうもビジネス感覚が鈍い。ＮＨＫも民放も、今後テレビの需要がますます減っていくのは明らかで、結局のところインターネットにシフトするしか生存の策はありません。

第三章

NHKを二分割せよ

「公共放送」とは何か

前章で述べたように、視聴者の多くがインターネット動画のほうが便利で、情報伝達力や速報性、娯楽性も高いと感じているのであれば、公共放送が果たすべき役割も当然、変わっていくはずです。この点は、第一章で触れた公共経済学の理論にも合致することです。

NHKが「公共放送」の名にどれほど固執したとしても、国民の一部にしか恩恵をもたらさないメディアであれば、受信料というかたちで公費を支出する理由はありません。多くの国民が賛同し、広く便益を与えることが、真に「公共」の名に値する放送です。

そのためには、なぜインターネットの配信では駄目なのか。本当にCMを入れてはいけないのか。これらの問いは今後、NHKにますます重くのしかかってくるでしょう。

もちろんNHKは現行の放送法で広告収入を得ることが禁じられているので、放送法の改正は当然、必要です。インターネット同時配信サービスが普及した時点で、黙っていても放送法の改正を求める声が視聴者から上がるでしょう。

また、ＮＨＫは「公共放送」という名のもとに、「受信料を払わない人はＮＨＫを見なければよい」というスクランブル放送を求める意見も頑なに拒否しています。しかしインターネットが中高年層にまで普及しはじめた現在、テレビを見ない人の数は増える一方です。結局どちらの主張が優るかは、考えるまでもないでしょう。

受信料やハードを通じた課金が現実的に困難になることを考えれば、最もニーズが高く収益化が容易なのはインターネット広告です。よしんば国民から受信料を取りつづけるとしても、収入の柱を広告収入に転換することで、受信料の徴収コストは劇的に低減します。

二〇一七年度のＮＨＫ受信料収入六八八九億円のうち、徴収コストは七三五億円で、収入の一割超が契約や徴収の経費に費やされています。七三五億円ものお金を無駄な費用と思えないとしたら、やはり常識的な経営の感覚から逸脱している、といわざるをえません。

「公共放送は存在する」か

参考までに、世界のテレビ放送の趨勢について記しておきましょう。一つは、先ほど紹介したイギリス、ドイツ、フランスの「公共放送&民間放送」というヨーロッパ型。もう一つは、基本的に「民間放送だけ」のアメリカ型です。

まずヨーロッパの放送事業者についていえば、一九八〇年代までは公共放送の事業者しかおらず、純粋な民間放送はありませんでした。だから歴史的に見て、ヨーロッパ型の放送改革は「公共放送は存在する」という前提で議論されています。

インターネット同時配信についても、ネット広告との付き合い方はさておき、最終的には公共放送の大枠を温存する方向で決着するでしょう。日本のNHKも、基本的に同じ方向を狙っていると思われます。

しかしアメリカの放送事業者についていえば、アメリカにはそもそも「公共放送」という概念が希薄です。後述する公共放送サービスという、米政府などの補助金で運営している組織はありますが、一般にはマイナーな存在です。そのため、アメリカは世界で最も多様な放送サービスが展開される市場になっています。百花繚乱のケーブルテレビや衛星放送が全米に浸透した、世界一の多チャンネル社会といえるでしょう。

きっかけは、連邦通信法を改正した「一九九六年電気通信法」の成立以降、放送と通信の垣根が事実上、撤廃されたことです。一九九〇年代後半から始まるインターネットの普及とともに、放送業者は他社にないコンテンツを視聴者に届けようと競って価格、サービス、利便性の高い伝送技術を開発しました。番組制作と経営を民間に委ねた結果、アメリカはヨーロッパを凌ぐ世界最大の市場へと成長したのです。

アメリカの例外的な公共放送は「教育」分野

ただし例外として、自由競争市場のアメリカにも限定的な公共放送は存在します。「非商業教育局」として免許を付与された放送局のことです。その多くは、非営利団体であるＰＢＳ（Public Broadcasting Service）に加盟しています。主な財源は寄付、企業協賛金、政府交付金、自治体や大学などからの交付金、財団からの寄付によるものです。

約三五〇ある非商業教育局の各局はそれぞれ独立した編集権を持っており、ＰＢＳ自体は番組制作を行わず、加盟局がつくった番組や外部から調達した番組を全米の加盟局に配信することに専念しています。

ＰＢＳは必要最小限の放送網しか持たず、さらに放送するコンテンツは、公共性がきわめて高い「教育」の分野に限定されています。日本やヨーロッパで「公共性が高い」と思い込んでいるニュースや災害報道、スポーツのコンテンツ提供は、民間放送が担っています。

ＮＨＫを擁護する人は、ＢＢＣなどヨーロッパ型の事例にしか言及せずに「公共放送は必要だ」というのですが、無知もしくはミスリードによるものです。アメリカの例を見れば「民間にできることは民間で」という当たり前の常識が、放送局のあいだに行き渡っていることに気付きます。

そもそも日本の放送業界の発端は、民間主体のアメリカ型でした。一九二〇年代からすでに民間の試験ラジオ放送が行われており、一九五〇年代に複数の民間放送事業者が設立されています。一九八〇年代まで公共放送しか存在しなかったヨーロッパと日本は事情が異なります。

既得権益を維持しようとする人のポジショントークや「嘘」に翻弄されてはいけません。目の前にある「公共放送」の枠組みを絶対のものと考えず、ファクトと国民の利便に基づいて判断することが必要です。

以上の経緯を踏まえたうえで、本章の最後でＮＨＫの改革案を提示したいと思います。

電波オークション時代が来る

皆さんは、電波オークションという言葉をご存知でしょうか。放送に用いる電波の周波数の利用権を、競売によって決定する制度のことです。

筆者は、以前から電波の割り当てはオークション制度がベストだと考えています。そもそも電波は希少性のある国民共有の財産であり、その共有財産を不当に安く得て利用しているのが現在のテレビ局です。

二〇一九年五月十日、次世代無線方式の「5G」をはじめ、電波の割り当て審査に価格競争の要素を導入する改正電波法が成立しました。

内容は全面的な電波オークションの導入ではないものの、部分的なオークション化といえるものです。同時に、電波利用料の引き上げも盛り込まれました。是正に向けた一歩前進といえるでしょう。

電波利用料は本来、入札で決めなければいけない。当たり前のことです。先進三五カ国の状況を見ると、電波オークションを行なっていない国は、ついに日本だけとなってしまいました。

二〇一七年度の電波利用料は六四六・八億円。その内訳は、携帯電話五五〇・九億円、テレビ業界六〇・一億円などです。

同じ二〇一七年度の日本テレビホールディングス（ＨＤ）の売上高は四二三七億円、当期純利益三七四億円に対して、負担した電波利用料はわずか四・五億円にすぎません。テレビ朝日ＨＤも売上高三〇二五億円、当期純利益一五八億円に対して、電波利用料は四・四億円です。

もし電波オークションが導入されていれば、少なくとも電波利用料はひと桁上がっているはずです。放送業界は既得権者にほかなりません。

テレビの報道番組ではよく、公共事業について入札ではない随意契約で工事単価が高くなり、血税が余分に使われる、という批判をします。しかし、自分たちの電波利用料の高止まりについてはいっさい口にしません。軽減税率の恩恵を受けている新聞が消費増税の批判をしないのと、まったく同じ構図といってよいでしょう。

さらにテレビ業界に皮肉をいえば、筆者が総務省に十数年前に電波オークションを導入していれば、そのときに持っていた電波を高く売ることができたでしょう。いまではインターネットの進展で、電波にかつての希少性はなくなりました。電波オークションを否定していたテレビ業界の人は、千載一遇のチャンスを失ったともいえます。

「波取り記者」に見る放送後進国・日本

インターネット同時配信時代を迎えた令和の時代に、放送制度改革を止めているのは、受信料を既得権にしたNHK、電波利用料を既得権にした民放各社です。

筆者は官僚時代の二〇〇六年、竹中平蔵総務大臣の補佐官を務めたことがあります。当時はもっぱら郵政民営化と地方財政を担当していたので、放送行政については担当外でした。「放送と通信の融合」時代に向けた放送制度改革が議論されていた時代で、ちょっとのぞき見をしていた程度です。

門外漢から見れば、放送法で規制されていることが、通信技術の発展によって有名無実化するので、放送制度の改革を急がなければならないという常識的な線は感じられました。ところが、実際には改革はまったく進みませんでした。自民党内の支持は限りなくゼロに近かったようです。

補佐官を務めた当時、筆者の仕事部屋は大臣室の隣にある秘書官室でした。ある日、面識のない一団が秘書官室を訪れ、名刺を配っている。それを見ると、メディア関係の人たちでした。

そのなかには「波取り記者」と呼ばれる人も含まれていました。

波取り記者の「波」というのは電波のことで、簡単にいえば、記事を書かずに電波利権確保のために電波行政のロビイングをする人たちです。こうした人は、どの業界にもいます。もともと関心のない議員に彼らが電波利権の必要性を吹き込んだ結果、まるで改革が進まなかったのです。日本の電波・放送行政が先進国で最も遅れた原因でしょう。電波オークションなどは十年以上前に解禁しておくべきだったのに、何もできずに時間を浪費してすっかり放送後進国になってしまいました。

放送はもはや誰にでもできる

もっとも、いまやインターネット動画を使えば誰でも「放送」ができるようになりました。筆者もインターネット動画を用いた私塾を行なっています。以前は講義内容をテキストにしていましたが、現在は動画だけです。コストも安く、速報性も高い。何よりも時間の制約やテレビ局の方針で発言がカットされることがないので、歪曲されずに一次情報を直接、視聴者に届けることができます。テレビで伝わるのは、編集の手を経た二次情報にすぎません。鮮度が落ちているのです。

しかし、インターネット動画による「放送」は放送法の範囲外です。放送法は「電波に希少性がある」と考えるので、電波を与える対象を絞ります。

ところが「電波の希少性」という物理的な制約がなければ、放送法の規制は最小必要限で済みます。さまざまな主体の参入を認めて競争に委ねるという発想に変わらないと、顧客はますますインターネット動画に流れて儲からなくなるだけです。

放送法四条の「政治的中立条項」は不要

民間放送に新規参入が促されるのであれば、放送法四条にある「政治的中立条項」も不要です。この条項があるのは新規参入がないためで、いかなる政治的立場の番組であっても視聴者が選ぶのであれば、放送を止める理由はありません。

近年、規制や自粛要請が多くてつくりたい番組がつくれない、というテレビ現場の声を耳にします。道理で面白い番組も出てこないわけです。

フジ・メディア・ホールディングスの有価証券報告書を見ると、本業のテレビ事業で四苦八苦しており、不動産収入がとても多い。あたかも不動産会社が放送事業をやっているかのようで、『朝日新聞』も事情は同じでしょう。新規参入のない分野のコンテンツが横並びでマンネリになるのは、理の当然です。ＮＨＫも民放も、どのチャンネルに変えても映るのは同じ記者会見、同じ事件、同じ情報番組。チャンネルが複数ある意味がない。「電波の希少性」はまったく生かされていないように思います。

NHK、二つの道

本章の最後に、お約束したNHK改革案を提示しましょう。

じつは二つあります。

一つ目の案は、NHKを①「公共放送のNHK」と②「民間放送のNHK」に二分割することです。

これなら「肥大化」したNHKのスリム化にもなるし、公共放送部分のNHKは、受信料制度によって彼らのいう「社会的使命」を果たすことも可能です。

「偏向」と批判されるような報道ドキュメンタリーや、視聴者全員の納得が得られる保証がない紅白歌合戦や大河ドラマなどの芸能ショーやドラマ、各種スポーツ中継などは民間放送部分のNHKで放送し、同じ土俵で民間放送と競争すればよい。

NHKを二分割するという考え方は、理論的には前述の公共経済学に基づくものです。「あいちトリエンナーレ2019」をめぐる箇所で述べたように、公費でなく私費であれば、表現の自由は認められます。受信料で公費を取るから、番組の内容に批判が生じるわけです。また、広告収入で賄われる「民間放送のＮＨＫ」であっても、自分たちが考える「公共性」のある番組を自由に好きなだけ流すことはできます。

それでもどうしても受信料を使いたいのであれば、「公共放送のＮＨＫ」として切り離し、アメリカの非商業教育局のように教育に特化した番組、あるいは災害情報だけを放送してもらう。災害報道は国民全員の生命・財産に関わることだし、教育番組は公共経済学の考え方でいえば、国公立大学に公費を支出する外部効果と同じと見なすことができます。

消費者が納得できる受信料はせいぜい月二〇〇〜三〇〇円

このようにＮＨＫを民間と公共部門に分割すれば、受信料は劇的に下がります。現在は地上波のみの契約で年間約一万四〇〇〇円、衛星放送の契約を入れると約二万五〇〇〇円。年間総額約七〇〇〇億円という受信料は、必要最低限の公共放送を維持するだけのものになり、ぐんと安くなる。「公共放送のＮＨＫ」に消費者が納得できる受信料の額は、せいぜい月二〇〇～三〇〇円でしょう。

ＮＨＫの分割民営化は過去にも検討されたことがありますが、そのたびにＮＨＫのみならず民放業界からも反発があり、実現しませんでした。

しかし、これからは電波オークション、それすらも超越したネット全盛の時代がやってくる。新規参入の目玉として、「民間放送のＮＨＫ」はよい看板になるのではないでしょうか。

「公共放送のＮＨＫ」から「国営放送のＮＨＫ」へ

二つ目の案は、「公共放送のＮＨＫ」をさらに一歩進めて「国営放送のＮＨＫ」とし、「民間放送のＮＨＫ」の二つに分割することです。

税金で運営される「国営放送のＮＨＫ」には、やはり災害報道や教育分野の放送・配信を担ってもらう。

さかのぼると二〇一五年、中国や韓国との歴史問題が浮上したときに自民党が「史実と異なる情報が海外で広まっている」現状を踏まえ、日本の立場を海外に発信する「国際放送」を検討する方針を確認したことがありました。「国営放送のＮＨＫ」にふさわしい仕事ではないでしょうか。

「国営企業のＮＨＫ」を設立する大きなメリットの一つは、国営企業は特殊法人と同じ扱いになるので、資産の国庫納付規定が定められることです。

ＮＨＫの財務諸表を見ると、現金・預金・国債などの有価証券を五〇〇〇億円近く保有しているのに加え、固定資産が六〇〇〇億円を超えています。都心の一等地・渋谷区神南にある本体所在地の一〇万㎡に近い不動産だけでも、実勢価格の含み益は数千億円に上るでしょう。

他方、負債のほとんどは前受け受信料や退職引当金等の引当金で、借金はなく合計で三〇〇〇億円弱しかない。連結子会社の抱える資産などを合わせれば、実質的な純資産は軽く一兆円を超えると思います。

ＣＭ収入で運営される「民間放送のＮＨＫ」に引き渡す資産以外は「国営放送のＮＨＫ」に移して長年、貯め込んできた不要な資産は処分すると同時に、社員（職員）に対する従来の厚遇を改める。必要最小限の放送を必要最低限の費用で行い、余ったお金は国庫に返還する。これこそ、国民が納得する「公共性」に根差した本当のＮＨＫ改革ではないでしょうか。

第四章

「新聞は一次情報」という嘘

地上波はもうダメ

第二章で、テレビの情報がインターネットで常時同時配信される時代を迎え、メディアの主戦場がネットに移行していることを述べました。

メディアの主役交代は過去に何度も起きており、昔は普通の人が紙媒体を発行するのは難しかったため、新聞や雑誌が権威でした。しかし電波が広まり、紙媒体の優位性が下がるとテレビ局が台頭し、新聞や雑誌は相対的に価値を下げていきました。さらに電波利用の独占が参入障壁となり、テレビ局の優位性を築き上げることに寄与しました。電波は物理的に総量が決まっているため、先行者利益が大きかったのです。

ところが、インターネットが普及して電波の優位性が失われ、テレビの経営も苦しくなっています。無料のネットコンテンツに対し、これまであぐらをかいていた分コンテンツの内容、価格ともに劣勢に置かれつつあります。

タレントや有識者のブランドを測るうえでも、最近では「地上波に出るか、出ないか」はあまり関係なくなりました。むしろインターネット上の人気がタレント価値のバロメーターとなり、ネットへの訴求力がビジネスの成否を握りつつあります。

筆者も当然、毎週のようにインターネットの番組に出演してコメントをしています。「虎ノ門ニュース」や「文化人放送局」「政策カフェ」「ニュース実験室」など、中身が面白いのでスポンサーもユーザーもうなぎ登り。あるプロデューサーは、「地上波はもうダメだ」と見切りを付けるような発言をしていました。

インターネットニュースでは、出演者が自分の本について話すことができます。視聴者は出演者に関心を持つ人が多いですから、本が売れます。さらにツイッターで新刊の告知をすれば、新聞広告以上に読者が反応することも多い。費用対効果としては、著者が自らネットメディアで発信するほうが高いかもしれません。

いまは自分たちのプラットフォームの番組でスポンサーがつく時代だから、テレビに頼らずとも収益が出せてしまう、という恐ろしい時代なのです。

コンテンツファーストの時代

要するに現在は「面白いコンテンツ」を生み出す人さえいれば、簡単にビジネスになります。名実ともにコンテンツファーストの時代といえるでしょう。

コンテンツファースト時代の最先端を行くプレイヤーの筆頭が、動画配信サービスのネットフリックスです。新型コロナウイルスのパンデミック（世界的大流行）で巣ごもりが増えたこともあり、二〇二〇年一～三月（第1四半期）の新規有料会員数は過去最高の一五八〇万人に達しました。良質なコンテンツをつくれるからスポンサーと有料会員がつき、得た資金でさらに良質のコンテンツをつくる、という好循環が生まれています。

ネットフリックスほどのプラットフォームは無理でも、出演者に知名度や専門性があり、企画を差別化すれば、お客が来る番組は十分につくれます。以前は、企画性が高い尖った番組は深夜番組や衛星放送でしかつくれませんでした。その枠はテレビ局が押さえてしまい、新規参入ができなかった。しかしインターネット動画の拡大により、もはや通信手段を握っていたオールドメディアの手が及ばなくなりました。ネット社会化、大いに結構だと思います。

以前も、あるテレビ番組のプロデューサーから「髙橋さんのニュース解説を二十分ぐらいの時間でスマホ中継させてほしい。場所はどこでも結構です」と提案され、試しにやってみました。好きなニュースをピックアップして、筆者なりの分析と解説を加えるだけで即コンテンツになるので、簡便だと思いました。

自由な時間と場所で収録でき、スマホでOKならば、テレワーク気分で放送ができます。お金をかけたスタジオなど大規模な放送設備は必要なく、喋るほうも新聞やテレビのように発言を切り張り（編集）されないので、むしろ有難い。極端なことをいえば、自分一人でも番組が放送できます。専門家、有識者がこぞってセルフ放送を始めたら、オールドメディアの記者は軒並み失職でしょう。

「虎ノ門ニュース」や「文化人放送局」などニュースを解説するインターネット動画配

信コンテンツが成立するのは、ひとえにテレビのニュースがどれも同じで、付加価値がないからです。

とはいえ、オールドメディアが全部消えてしまうと困る人もいるから、細々と続くでしょう。筆者としても、半ば冗談ですが、オールドメディアが間違いを伝えるおかげで、誤りを指摘して訂正する仕事が来るわけですから、全廃は望みません。

新聞とテレビが信用を取り戻すには、よいコンテンツを生み出す努力を続けることしかありません。それを妨げているのが、いま彼らが享受している「特権」の数々です。大手マスコミの経営規模からすれば、個々の記者や制作者の努力で儲かる範囲は微々たるもので、受信料や系列支配の特権から得られる恩恵のほうがはるかに大きい。だから何も変えようとせず、視聴者にしわ寄せを加え続けているのです。

新聞社や民放は読者や視聴者の信用を失い、スポンサー離れが深刻になって経営危機に瀕したとき、はじめてコンテンツファーストの立場に立てるのかもしれません。しかし受信料制度にしがみつくＮＨＫには、更生の機会すらない。いずれも現状は既得権益にすがる抵抗勢力なので、同様に問題を指摘したいと思います。

新聞の四つの非常識

現在、新聞の構造問題は四つあります。

①日刊新聞紙法
②再販規制
③新聞購読料の消費税を八％に据え置く軽減税率
④新聞社屋建設のための国有地低廉売却

日本の名立たる新聞はいずれも右の四つの法律、制度、政策によって既得権者になれました。

①日刊新聞紙法は、世界でも類例のない日本独自の法律です。新聞社は全国紙のすべ

てが株式会社で、地方紙も株式会社が多い。そして新聞社の株式には、日刊新聞紙法によって「譲渡制限」が設けられています。第一条にあるように「株式の譲受人を、その株式会社の事業に関係のある者に限ることができる」。

普通は逆で、「株式に譲渡制限はない」というのが大原則です。現行の会社法では株式の自由譲渡性の原則に基づき、株式の譲渡をいっさい禁止することはできません。株式を外部に譲渡できれば、オーナーを入れ替えることができる。これが株式会社の株式会社たるゆえんです。

この「オーナーが代わりうる」ということが重要で、要はオーナーが現在の地位に安住できず、会社の緊張感が保たれて経営努力をせざるをえない。

ガバナンスがないのは新聞社のほう

反対に、新聞社のように株式の譲渡制限があると、実際どうなるのでしょうか。

『朝日新聞』を例に取りましょう。『朝日新聞』は、村山家と上野家という二つの家が代々オーナーとして存在する企業です。株式の譲渡が制限されているため、オーナーを替えようと思ってもできず、オーナーは現在の地位に「安住できる」。経営方針も腹一つで決めることができます。

ところが現実には、日本の新聞社のオーナーは現場に口出ししないケースがほとんどです。代わりに現場トップの社長が経営のすべてを握ってしまい、絶対にクビにならない。

その典型例として『読売新聞』の渡邉恒雄代表取締役主筆がなぜ、あれだけの権力を持ち続けられるのか。読売は従業員持ち株もありますが、株式が譲渡されないので経営陣には何のプレッシャーもかからないからです。

『日本経済新聞』は企業の不祥事があると、判で押したように「コーポレートガバナンス」の重要性を説きます。しかし、もちろん自分たちだけは別です。株式の譲渡制限に守られたぬるま湯で、コーポレートガバナンスなど発揮しようがありません。

新聞社の株式が譲渡されないということは、絶対に買収されない仕組みになっている、ともいえます。おまけに、その新聞社がテレビ局の株を保有している。『朝日新聞』はテレビ朝日、『読売新聞』は日本テレビというように系列でつながっており、テレビ局もまた同じようにオーナーの顔色を窺い、ガバナンスが利かなくなる。新聞社を頂点とした系列支配に貫かれた日本の大手メディアは既得権の塊になっており、手の施しようがありません。

以上のような仕組みになっているため、新聞社の経営陣に一度加わってしまえば絶対安泰で、クビになることはまずない。他の業界では絶対にありえない構造です。

世界基準で見ても、日本の構造は異常この上ありません。普通の国では、新聞社は当たり前のように買収され、経営者も替わります。これが会社としてのメディアの緊張感につながる。買収されないのは日本の新聞社ぐらいです。

たとえば二〇一五年、『日本経済新聞』が英『フィナンシャル・タイムズ』を買収しました。『フィナンシャル・タイムズ』の親会社の英ピアソンから株式を買収して自らのグループに組み込んだ、ごく普通の企業買収といえます。

しかし『日本経済新聞』のほうは株式が譲渡できないため、決して買収されることはありません。買いたい人がいるかどうかは別にして。

日刊新聞紙法は世の中の常識に照らして、明らかにおかしい。にもかかわらず、義憤に駆られて新聞に記事を書く記者は誰もいません。おそらく自分たちでも後ろめたいと感じており、書けないのでしょう。

総務省とテレビの持ちつ持たれつ

さらに②再販規制、③新聞購読料の消費税を八％に据え置く軽減税率により、日本の新聞社の既得権はよりいっそう固められます。

二〇一九年十月の消費税一〇％への増税時、新聞が八％の軽減税率の対象となった要因は、政治的な圧力以外に考えられません。でも、この点がマスコミで語られることはまずない。

マスコミは自由な言論で飯を食っているのですから、「軽減税率の恩恵など要らない」

といって多少のやせ我慢をしてみたらどうか、と思う。しかし、現実は「忖度」だらけです。筆者が以前、ある番組で「マスコミのなかには、財務省からの天下りを受けている会社もある」と指摘したら、番組の司会者が収録中「カットでしょう」といって案の定、発言箇所は放映されませんでした。

民放各社は電波オークションを否定して新規参入を拒み、新聞はテレビの株式を所有して利益を享受してきました。新聞社が子会社のテレビ局を支配している、という構造的な問題を先ほど述べましたが、そのテレビ局が既得権化している理由は、地上波放送事業への新規参入が実質的に不可能だからです。

ご承知のように、テレビ放送事業は総務省の認可がないとできません。放送法による免許制度がテレビ局の錦の御旗で、だから「電波オークション」をやらなければいけない。

日本では電波オークションが行われないため、電波利権のほとんどを既存メディアが掌握しています。地上波のテレビ局が、CS放送でもBS放送でもチャンネルを抱えて持て余している状況を見ればおわかりでしょう。インターネットという新しいメディアが社会に浸透するまで、電波の独占構造は致命的なハンディキャップでした。

電波をオークションにかければ、テレビ局が支払う電波利用料は現在の約六〇億円から二〇〇〇億円～三〇〇〇億円に跳ね上がるでしょう。テレビ局からすれば、絶対に電波オークションは導入させない。そのためには放送法・放送政策を管轄する総務省への働きかけが不可欠です。

最近は方向転換しつつある総務省も、電波オークションを実施したほうが、実入りが増えることは知っています。にもかかわらず制度を変えてこなかったのは、新規参入を拒むテレビ局とある点で利害が一致し、協力関係を結んでいたからです。ただし皮肉をいえば、前述のようにインターネットが進展して電波の希少性はなくなっています。テレビ界は、電波を高値で売却できるチャンスを逃したので、経営としてはすでに落第です。

放送法を利用した脅し

そこで出てくるのが、放送法の話です。近年、政治によるメディアへの介入を問題視するニュースが流れているので、ご存じの方も多いでしょう。話題の中心になるのが、放送法の四条。以下の条文です。

放送事業者は、国内放送及び内外放送（以下「国内放送等」という。）の放送番組の編集に当たつては、次の各号の定めるところによらなければならない。

一　公安及び善良な風俗を害しないこと。
二　政治的に公平であること。
三　報道は事実をまげないですること。
四　意見が対立している問題については、できるだけ多くの角度から論点を明らかにすること。

右の条文を根拠に、政府側は「放送法を遵守した政治的に公平な報道」を求め、違反した場合の電波法七十六条に基づく「停波」もちらつかせています。対してリベラルの側は、放送法四条が「倫理規範だ」といっており、政治的公平性は道徳上の努力義務でしかない、と反論しています。

しかし、筆者から見れば何ともつまらない議論です。そもそも、世界で右のような議論をしている国はありません。「放送法を守れ」とか「倫理規範だ」とかケチな議論をするのでなく、内容の判断は視聴者に任せて、自由競争をすればよいだけの話です。

繰り返しますが、電波オークションによって困るのは既存の放送局でした。だから必死に電波オークション阻止へ向けて世論を誘導し、総務省のほうは放送局の事情を見透かして、放送法を盾に「政治的な公平」という脅しをかけてきた。マスコミは役所と持ちつ持たれつの関係でうまくやってきたのです。

最後に、④新聞社屋建設のための国有地低廉売却について。これも役所絡みの話です。日本の新聞社の多くは、財務省から安く払い下げてもらった国有地に社屋を建設しました。東京の大手町や築地、竹橋などの一等地に新聞社が立ち並んでいるのは、官から優遇措置を受けてきた背景によるものです。だからこそ財務省には頭が上がらないし、天下りも受け入れてきたわけです。

新聞に書かれているのは一次情報ではない

「はじめに」で述べた通り、筆者は紙の新聞を二十五年以上、読んでいません。その間、官邸で内閣参事官や大臣補佐官を務めましたが、業務に差し支えることはゼロだったと断言します。今後も読むことはないでしょう。スマホでおかしな記事を見付けてネタにする以外に、必要性を感じません。

NHK出身の池上彰氏は、「私が得る一次情報は基本的に新聞です」(二〇一九年二月二十六日『朝日新聞』WEB版)と明言しています。ほかにも、もし新聞をなくしてしまったら、一次情報を入手しようとする人がいなくなる。したがって新聞は必要だという主張をしています。役所の情報などにアクセスできるのは新聞・テレビの記者だけで、新聞がなくなれば取材できる人がいなくなってしまうのではないか、と。

それに対する反論は「いつの時代の話をしているのか」というものです。

インターネットやSNSがもたらした最大の変化は、「誰でも一次情報を発信できるようになった」ことです。そして新聞記者が書いているのは人から聞いた話ですから、一次情報ではなく「二次情報」の誤りです。

筆者が新聞を読まないようになった直接的な出来事があります。一九九三年から九四年にかけて、官邸ホームページ内の大蔵省（現・財務省）のウェブサイト立ち上げを担当したことがあります。それ以前は省庁が発信する情報を紙にまとめ、省内の記者クラブに配っていました。記者は、与えられた紙をそのままネタにして記事を書いていました。いったい、どこが一次情報の担い手なのでしょうか。

情報はウェブで公開すれば国民に直接、伝わります。公開できない情報は記者にもいわないので、記者の存在はとくに関係ありません。筆者もウェブのおかげで、記者のためにわざわざ文書を書かずに済み、仕事上、必要な他省庁や他部署の公文書も簡単にインターネットで入手できるようになりました。新聞が紙と時間のムダであることを痛感した瞬間です。

担当官は翌日の紙面に自分の書いた文章がそのまま記事になっているのを見て、「新聞記者は小鳥（並みの）脳」と陰口を叩いていました（このあたりの詳細を知りたい方は、PHP新書『「官僚とマスコミ」は嘘ばかり』をご一読ください）。

正確性でもネット記事が上

記者が書く記事の正確性に対する不満も当然、ありました。前述のように、新聞記事は「役所の一次情報」すなわち各省庁の担当者が作成した記者用の要約文をもとに記事を書いていました。ところが関連文書をすべて読んでいないので、意味を理解できないのです。

新聞記者の手抜きと不勉強については筆者自身、要約文を作成する立場だったのでよく知っています。「新聞は情報を深く掘り下げている」といわれますが、嘘です。審議会の報告書など、全文を読んで分析してまとめる能力がないので、要約文以上に掘り下げた内容は決して新聞には載りません。

それでも「新聞は情報が正確だ。ネットの記事はいい加減で間違いが多い」という人がいます。同じく嘘です。インターネットの世界はたしかに玉石混交でほとんどが信用できないのですが、重要なものでネットで話題になると、ユーザーによってたえず真偽をチェックされています。明らかにおかしな主張やミスはすぐに判明して叩かれる。筆者にいわせれば、検証が不十分なのは新聞記事のほうです。修正も一瞬でできるので、紙の新聞よりも当てになります。

自分の意見を開陳したがる記者

取材する姿勢に問題のある新聞記者も多い。たとえば以前、菅義偉官房長官の記者会見が話題になったことがありました。

「東京新聞記者に菅官房長官『あなたに答える必要はない』：官房長官会見で記者が質問中に会見進行役の報道室長から『簡潔にお願いします』などと言われることが『質問妨害』にあたるとの指摘について、菅義偉官房長官は二十六日の記者会見で、『妨害していることはない。質問の権利を制限することを意図したものではまったくない。質問にしっかり移ってほしいということだ』と述べた。

関連して東京新聞記者から記者会見の意義を問われると、菅氏は『あなたに答える必要はありません』と答えた。東京新聞は二十日付の朝刊で報道室長の発言について『本紙記者に質問妨害や制限を行っているのは明らかだ』との見解を示している」（二〇一九年二月二十六日『朝日新聞』WEB版）

右の記事だけを読むと菅官房長官が悪印象に映りますが、前後関係の記述はほとんどありません。

ネット記事のなかには、『東京新聞』の記者が自分の意見を質問に被せていたからだ、という指摘もありました。はたしてどちらが正しいのでしょうか。

筆者は、じつはこの記者会見をインターネット動画で見ていました。なので、正しいのは後者のネット記事で、『東京新聞』の記者に分が悪いことがすぐにわかりました。

官房長官の記者会見は月曜から金曜まで毎日、午前と午後の二回あります。他国なら報道官が代わりに済ませるので、閣僚のなかでいちばん過酷ともいえる仕事です。質問の場をわきまえず、自分の意見を開陳したがる記者には「簡潔にお願いします」といいたくなるのが人情でしょう。いずれにせよ記者会見はインターネットで視聴できるので、わざわざ不正確な新聞を読む必要はありません。

つくづく便利な時代になったものです。

「意見と事実の違い」を区別できない

例外はありますが、筆者は記者やジャーナリストの書くものにほとんど興味がありません。ファクトやデータが少なく、読むところが少ないからです。代わりに『東京新聞』の記者のように、意見ばかりを書く人が多い。

事実については当事者が直接、発する一次資料や調査機関のデータに当たるほうが正しく、かつ効率的です。分析も自分で行うほうが早くて正確。自分の意見もあるので、記者の意見もべつに必要ありません。

逆に役人のころは、国会対応で意見より事実関係から質問する議員のほうが、対処が厄介でした。質問の前に自分の意見を長々と述べる人は、軽くあしらえるので楽でした。演説の時間だけ正味の質問内容が減っていくので、準備の時間が十分で不用意な回答も出さずに済むのです。

先ほど例に挙げた菅官房長官の記者会見でも、『東京新聞』の記者が意見を述べ出すや、官房長官は資料に目を通すのをやめて余裕の表情をしています。

さらに記者会見の進行係が、意見を述べず簡潔に質問するよう求めているのに、まったく意に介さない光景は滑稽ですらありました。「意見と事実の違い」を区別できない能力の低さを露呈していることに、気づいていないからです。

記者のほうは「国民の知る権利」を代行しているつもりなのでしょう。であればなおさら、駄弁はせずに質問をすべきです。こういう記者がいると、他の新聞社も質問時間が削られるので、さぞ迷惑だったでしょう。

一億総「一次情報者」の時代

一次情報の発信者は、もちろん識者や著名人に限りません。SNS全盛のいまは、学生でも漁師でも職人でも、本人が発する一次情報にこそ需要があります。事件報道でも、街中で起きている犯罪や火事、津波などの災害情報、ハプニング映像をその場でスマホで撮影し、SNSで拡散すれば、あっという間に広がります。

自らは独自の情報を持たないのに「一次情報の発信者」とふんぞり返っているテレビや新聞の記者はその実、インターネットやSNSに流れる一次情報をネタの情報源にしています。人気SNSユーザーを当てにした取材も多い。「記事に取り上げるから無料で取材させてくれ」という上から目線の態度なので、炎上になるケースが後を絶ちません。

新聞記者は取材のプロを自任していますが、実際にどれだけ深く取材しているのか、大いに疑問です。新聞もテレビも部数や広告が減り、取材経費を減らす傾向にあるからです。おまけに最近は「働き方改革」とコロナウイルス後の「新しい生活様式」により、効率的な労働を求められています。両者をまじめに守れば、夜討ち朝駆けの取材は絶対にできない。検事長と一緒に朝まで賭けマージャンをするのが、彼らにとって理想的な新聞記者の姿なのですから。

国会議員による人権侵害

ここからは、筆者自身が二〇一九年に経験したマスコミの実態を示す事例を二つ、紹介したいと思います。

臨時国会の会期末に近い二〇一九年十二月二日、原英史氏らを発起人とする「国会議員による不当な人権侵害（森ゆうこ参議院議員の懲罰と更なる対策の検討）に関する請願」が参院議長に提出されました。しかし日本維新の会、みんなの党は賛同したものの、自民、公明、立憲民主、国民民主の各党は、事実上の反対である保留とのスタンスで、懲罰は見送られました。

筆者自身も、森ゆうこ参院議員らから国会審議で誹謗中傷を受けています。筆者の同僚である原英史氏（政策工房社長）による十一月十三日付の「森ゆうこ議員への公開質問状」があるので、それに基づいて説明したいと思います。

〈特区ビジネスコンサルティング社会社案内とされる資料について〉

六、森議員の十月十五日参議院予算委員会及び十一月七日参議院農水委員会での配布資料のうち「出典：特区ビジネスコンサルティング会社案内より森ゆうこ事務所」とされるものには、髙橋洋一氏の氏名・顔写真などの記載があります。これについて、

・もとの資料は誰からどのように入手しましたか。
・資料の信ぴょう性をどのように確認しましたか。

質問のなかにある「顔写真など」は、慶應義塾大学大学院教授の岸博幸氏の顔写真や、筆者が特区ビジネスコンサルティング社の顧問を務めた際、同社主催の講演会で話している写真です。筆者も岸氏もまったく覚えがない。ネット上で事実を調べた人がいて、それによればこれらの写真は八年ほど前に行われた岸氏との対談時のものだという。

〈質問通告について〉
七、十月十五日参議院予算委員会の質疑に関して、十月十一日に、質問要旨を何時に誰に手交または送付しましたか。
八、十月十五日参議院予算委員会の質疑に関して、森議員は、質問内容が事前に漏洩していたと指摘しました。根拠のひとつとして、髙橋洋一氏が質問の前のツイートで、森議員の配布資料（上記六）に言及したことをあげていました。しかし、これはツイート時刻の変造（サンフランシスコ時間で表示されたもの）であり、日本時間では質問後のツイートだったことが判明しています。

森議員は、ツイート時刻の変造された資料を、誰からどのように入手しましたか。

質問状にあるように、柚木道義議員らは筆者のツイート時刻を変造し、それを根拠に国会質問を繰り返しました。この事件についての顚末は、有志による「ツイート時刻変造問題調査チーム」が明らかにしています（https://drive.google.com/file/d/19qDPTwWVkEn2rR3NeNOF2cS-1uuxPnM6/view）。

「レイシズム」「ファシズム」呼ばわりも根拠なし

国会議員による誹謗中傷はこれだけではありません。

立憲民主党の石垣のりこ参院議員が、筆者をレイシズム、ファシズムの持ち主と記したのです。

「立憲民主党の石垣のり子《ママ》参院議員が、れいわ新選組の山本太郎代表と野党統一会派に参加する馬淵澄夫元国土交通相が共催する『消費税減税研究会』の講師に嘉悦大の高橋洋一教授が招かれたことに反発し、二十八日に国会内で開かれた会合への出席を見合わせた。ツイッターで『レイシズムとファシズムに加担するような人物を講師に呼ぶ研究会には参加できません』と発信した。

石垣氏は『消費税ゼロを誰よりも力強く訴える山本太郎氏へのリスペクトはかわりません。が、「その目的のために、ときにはレイシストと同席する」という考え方に立つことはできません』とも書き込んだ。

一方、会合を終えた高橋氏は産経新聞の取材に『どの発言をもってレイシズム、ファシズムなのか分からない。根拠もなく、びっくりする。人権を守る人がこんなことを言ってはいけない』と反論。石垣氏とは面識がないと述べ、『ツイッターは（国会議員の免責特権が認められない）院外の発信だ。名誉毀損（きそん）だ』との見方も示した」（二〇一九年十一月二十八日「産経ニュース」）

筆者はレイシスト呼ばわりされる覚えがまったくないので、石垣のりこ議員に対して根拠を求めました。が、何も返事はありません。立憲民主党の枝野幸男代表にも見解を質しましたが、同じく返答がない。

レイシズム、ファシズムという決め付けはかなりの「差別表現」です。当時、不思議だったのは、『朝日新聞』やＮＨＫなど日ごろ反中・反韓ムードを諫めるリベラル寄りの新聞、テレビがまったく筆者の取材に来なかったことです。彼らの人権擁護は普遍的なものではなく、対象となる人物を選り好みしていることがわかりました。

国家戦略特区をめぐる異様な報道

二〇一九年九月三十日に官邸で行われ、安倍総理や菅官房長官の出席した国家戦略特別区域諮問会議で、(新聞が報道しない)こんな珍しい光景がありました。

議事録に、有識者議員の八田達夫氏(アジア成長研究所理事長、大阪大学名誉教授)が以下の発言が記されています。

「毎日新聞が特区制度に関して誤った報道を続けております。例えば、特区は特定の新規参入者に特権を与える制度だという前提に基づいた報道をしています」

「さらに、取材と称して、規制改革の提案者の自宅を訪問して提案者を怯えさすというような事態が続いています。結果として、毎日新聞は、業界団体や既得権者を守る活動を続けています。これは、もはや報道機関としての正当な活動ではなく、特区の運用に対する妨害であります」

この話の発端は、六月十一日の『毎日新聞』一面トップ記事「特区提案者から指導料　WG委員関連会社　提案者から指導料二〇〇万円　会食も」です。特区WG（ワーキンググループ）委員の原英史氏の写真が掲載され、原氏が二〇〇万円と会食を受けていた、と思わせる内容でした。

原氏は、事実無根として毎日新聞社を名誉毀損で訴えました。議事録で名指しされた『毎日新聞』は報道機関に値しない、といわれたに等しい。いったい何が起きたのでしょう。

事実誤認のストーリーがいっぱい

じつは、筆者自身もこの件で『毎日新聞』からあらぬ疑いをかけられた一人です。筆者の所属する嘉悦大学が特区の申請者になって筆者の「力」で規制緩和を進めようとした、というストーリーでした。もちろん筆者にそんな「力」はないし、そもそも筆者の属する大学は申請者になっていない。完全な事実誤認、フェイクニュースです。

しかも取材が筆者本人ではなく、周辺の人びとに来たのでたいへん迷惑しました。筆者は、あるインターネットニュース番組で筆者に取材に来るよう呼びかけたものの、返事はありませんでした。ここでも新聞記者がやっているのは一次情報ではなく二次、三次情報の取得にすぎないことがわかります。

さらに『毎日新聞』が空想したシナリオは、筆者が、ビジネスパートナーであり特区WG委員でもある原氏に働きかけて規制緩和を進めようとしている。筆者と原氏は利得目当てに構造改革を利用している、というもの。

このストーリーも誤りです。なぜなら『毎日新聞』の記者は、特区WG委員は提案者からの提案を「審査」して規制緩和を決めている、と勘違いしているからです。

こう書くと、新聞記者は「WG委員は、政府と規制緩和の提案者のあいだで中立的な立場から規制緩和の是非を検討する立場。新聞は正しい」と思うかもしれない。そう考えるのは、規制緩和の仕組みに関する理解が足りない証拠です。

そもそも規制緩和について、提案者と規制官庁では知識や理解に大きな開きがあります。提案者だけでは官僚に太刀打ちできないのが当然です。そこで、WG委員はあえて「弁護人」の立場で提案者をサポートする側に回るのです。

そして提案者とWG委員がタッグを組み、規制官庁と議論を交わす。結果、規制官庁も納得した規制緩和だけが推進されるのです。

合理的な規制緩和であれば、提案者だけでなく国民全体に恩恵が及ぶので、WGが加勢をしようとまったく問題がない。この制度の仕組みは、七月十七日付の八田達夫・特区WG座長らの共同抗議声明にもはっきり書かれています。

つまり筆者の場合、仮に所属大学が申請者になったとしても、金銭関係がなければ、原氏の助言を受けていたとしても問題ありません。しかし申請者ではないので、『毎日新聞』のストーリーは事実関係のレベルで誤りです。

筆者は、いま述べたWG委員が「中立の立場ではなく、規制緩和側に立つ」仕組みについて何度も説明しているし、文章にも著しています。一次情報者の筆者が発信しても、それを受け取って伝える二次情報者に知識や理解がないと、物事が正しく伝わらない典型例といえるでしょう。

ファクトとデータで語れば炎上はありえない

一次情報者と二次情報者が面と向かって議論すれば、二次情報者はかないません。一次情報者は自分の経験とファクトをもとに語るからです。対する二次情報者には持つべきものが何もありません。

筆者の主張も、背後にはつねにファクトとデータがあるから、誰からどんな質問や批判が来ても答えられるし、反論できます。イデオロギーで発言をしないので、インターネット上で炎上することもありえません。

女性や外国人に対する差別発言が問題になるタレントやコメンテーターは、日ごろ感じていることが何かのはずみで表に出ただけのことで、実際にそういうイデオロギーの持ち主なのです。

また先ほど挙げた石垣のりこ議員のように、ファクトではなく気分やイメージで発言している人は、「根拠は?」と問われると何も答えられない。

一次情報者がインターネット上でいっせいに二次情報者の嘘を指摘したら、面白いことになるでしょう。生き方としてもビジネスとしても、いまの時代で面白いのは、一次情報者なのです。

そういえば、この章で池上氏を取り上げていますが、同氏は典型的な二次情報者です。しかも、一次情報者を明示しないでテレビ解説をしている。この点について、ある一次情報者からきちんと情報源を明示していない、との事実指摘をされましたが、まったく無視でした。そのため、ネットでは「イケガＭｅＴｏｏ」運動になった。じつは筆者にも同じ経験があったので、私の名前もそこに連ねています。

第五章

木を見て森を見ず——新聞、テレビ報道の弱点

「英語民間試験」導入見送りの本質は文科省問題

第五章では、日本の各分野のニューストピックスを挙げながら、具体的に新聞報道の弱点を明らかにしていきます。

二〇一九年十一月、大学入学共通テストで、英語の民間検定試験の導入見送りが決まりました。地域格差や所得格差問題などが指摘されていましたが、そもそも問題はどこにあり、どのように決着すべきだったのでしょうか。

日本の英語力が総じてかなり低いというのは、海外経験のある人なら誰でも感じたことがあると思います。実際、各種の英語試験でも日本人の成績は悪い。たとえば、TOEFLは英語圏の大学・大学院へ進学する際に必要となる非英語圏向けの試験ですが、日本人の平均点は悲惨です。英語をよく使う欧州圏に比べて劣っているのは仕方がないとしても、アジアの中国、香港、台湾、韓国と比べても一〜二割も低い点数になっています。

筆者は米国の大学に留学経験があります。しかし英語力が不十分だったため、留学後も現地の英語学校に通いつつ、言語学専門家の家庭教師を雇わざるをえませんでした。家庭教師からは、英語を最初に誰から習ったかが重要で、英語は英語を母国語とする教師から習わないといけないと指摘され、筆者の英語を聞いてすぐに非英語圏の教師から習っただろうと喝破されました。

そのアドバイスもあり、筆者の子供は日本では語学の勉強をいっさいせずに、まったく英語を知らないまま現地の中学校に入れました。公立校でしたが、大学町だったので外国人の子供が多く英語教育が充実していたので、筆者の子供も難なく英語をマスターできました。

こうした問題意識は有識者のあいだでもかなり以前から共有されてきました。このため、文部科学省でも英語教育の改革が必要と認識し、大学入試にＴＯＥＦＬなどの民間試験を採用する方針が、民主党政権時の「大学改革実行プラン」でも謳われていました。安倍政権でも同じ流れを踏襲し、大学入学共通テストへの移行を機に、英語の民間試験の導入が決められたのです。

英語に民間試験を導入する、という大きな方向は民主党政権以来、基本的に変わっていません。問題はその後の実務手順にある、と筆者は睨んでいます。

かつて大学入試共通試験は、一九七九〜八九年の大学共通一次学力試験、一九九〇〜二〇二〇年の大学入試センター試験と変遷してきました。センター試験は二〇二〇年一月が最後で、二一年からは大学入学共通テストに移行する予定です。共通一次は国公立大学だけを対象としていましたが、センター試験ではほとんどの私立大学が採用するようになりました。

ここまで対象を広げると、実務運営上の問題も出てきます。些細な話ですが、毎年センター試験への参加校が拡大するにつれて、問題も増えてきたという印象です。個別大学で大学教育を受けられるかどうかをチェックするのにすぎない大学入試を、文科省主導で、国公立のみならず私学にまで画一的に適用してきたことに根本原因があります。

大学共通テストは一〇〇億円の市場

導入見送りが決定された英語の民間検定試験問題では、実施団体の関連法人に旧文部省次官らが再就職していた、と野党が追及しました。しかし、新聞・テレビの追及の矛先は、「政治関与があったかどうか」に重点が置かれていたように感じました。

先述したように、英語試験でTOEFLを導入するという政治関与は大きな方向性だけであり、民間試験の導入は民主党政権時代からの一貫した政治判断です。ここまで管理不能なほど大掛かりになったのは、やはり文科省官僚が主導したという要因が大きい。

英語試験の改革という大きな方針は政治家が打ち出すのが一般的ですが、細部の政策は官僚が作成します。じつは、その細部のところに天下りが深く関係してくるのです。

一般的によい方向でスタートした政策が、そのうち天下りのために行われるようになった例は枚挙にいとまがありません。

今回の英語民間試験でも、対象は国公立から私学まで、同時に試験もＴＯＥＦＬから国内の民間試験まで広がると、大きなビジネスになりました。そのため利権化しやすい構造が生まれました。

大学共通テストの受験者数は約五〇万人と見込まれていて、英語民間試験の受験料が二回分で二万円と仮定すると、一〇〇億円の市場です。ある国内の民間試験法人は文科省と財務省の大物次官経験者の天下りを受け入れました。そうした天下りがあると、文科省を挙げての一大政策となります。

しかし天下りと大掛かりなシステムが相互に連携して肥大化すると、文科省の官僚の手に負えなくなってしまう。その結果、文科官僚の実務能力を超えてうまく手順がこなせず、さまざまな問題が噴出します。これが「格差なく試験を受けられるか」という受験生の不安につながって、制度の見直しや導入見送りを求める声になったのでしょう。

もし国公立、私大の計約八〇〇大学ではなく、国立約一〇〇大学、試験もＴＯＥＦＬだけと小規模なら、問題もあまり出ず、影響を最小限にとどめることができたはずです。と同時に、その程度の規模なら天下りもなかったかもしれない。

文科省では、二〇一七年に組織的関与のある大量の天下りが発覚しました。元事務次官の前川喜平氏は、私学などへの組織的かつ大量の天下り斡旋に関与し、引責辞任しています。

文科省官僚はこれまでも、大学事務局などへの天下り志向が顕著でした。二〇一八年には、文科省幹部による汚職事件がありました。その結果、事務方トップの次官二人が二年連続で辞職するという異常事態に陥りました。

ちなみに、大学教授である筆者は「文科省の天下り研究」を文科省に科研費申請しつづけています。天下りと政策のケーススタディーとして、本件はまさに絶好の研究対象のはずで、二〇一九年も申請しましたが、採択されませんでした。

ジャーナリストの髙山正之氏は著書『変見自在　サダム・フセインは偉かった』（新潮社）で、新聞記者が大学教授になるからくりの一端を明かしています。

「新聞記者は特ダネを取ってなんぼになる。学者は授業がどうのより論文を書くとか学会発表とかがポイントになる。そうやって点数を稼ぎ、それが十分貯まると目出度く教授に昇格したりする。このポイントが意外に高いのが新聞に署名入りで書く時評や論評だ。だいたい原稿用紙で五、六枚の論評を全国紙に掲載すると、それで何万行の論文と同価値になるらしい。私ごとだが、論文一本も書いたことがないのに新聞記者からいきなり教授になれたのも実はこの『署名記事一本が論文一本』換算のおかげだったらしい」

「木を見て森を見ず」の新聞メディアは、まさか文科省の天下りを追及するとやぶへびに新聞と大学の蜜月関係も暴かれて、自分たちが不利益を被ると遠慮しているのでしょうか。

新聞もNHKも全部同じ論調

新聞にとって頭が上がらない官庁といえば、財務省です。もちろん取材先として重要であるばかりでなく、経営的にも国有地払い下げや軽減税率の適用などで長年世話になっているからです。しかも、数学や数字に弱い文系記者連中を都合よく操作することなど、財務省官僚にはいともたやすい。

たとえば新型コロナウイルスのパンデミックが起こる前の段階で、二〇二〇年度当初予算案に関するマスコミの評価は壮観でした。新聞各紙の社説の見出しは次の通りです。

『朝日新聞』「一〇〇兆円超予算　健全化遠い実態直視を」
『毎日新聞』「過去最大の一〇二兆円予算『身の丈』に合わぬ放漫さ」
『読売新聞』「二〇年度予算案『一〇〇兆円』は持続可能なのか」
『日経新聞』「財政の持続性に不安残す来年度予算案」
『産経新聞』「来年度予算案　歳出の改革は置き去りか」

見事なまでに全部、同じ論調です。もちろん、ＮＨＫも「来年度予算案 過去最大の一〇二兆円超 歳出膨張に歯止めかからず」と報じていました。

いずれも「財政再建が遠のいた」という点で、驚くほどの金太郎飴の内容。ここまで新聞とＮＨＫの論調が似ていると、奇妙ですらあります。

筆者が大蔵官僚の時代、来年度予算について課長補佐クラスか課長クラスが各紙の論説委員のところにエンバーゴ（情報解禁日時）付きの資料を持って事前に説明に回りました。その後、各社の社説が出ると、大蔵省幹部が説明に行った課長補佐クラスや課長クラスを全員集めて、各社の社説を論評したものです。

「この社説はよく書けているな、この社説はダメだ」。もちろん、大蔵省の意向に沿っていると「よく書けている」です。同時に課長補佐クラスや課長クラスに対して、どこまでマスコミを丸め込むことができたか、仕事ぶりを評定していました。いまでも同じようなことをやっているのでしょうか。

いずれにせよ各紙の論調が似ているのは当たり前で、情報を財務官僚の事前レク（レクチャー）に頼っているからです。予算の膨張による財政再建の遅れを批判せよ、という見えざるゴーサインが出たからこそ、こぞって同じ見出しになった結果と思われます。

「子孫にツケを残す詐欺」にだまされるな

二〇二〇年度予算の歳出総額は、一〇二兆六五八〇億円で過去最大の予算と批判されましたが、デフレでなければ、名目値である予算が毎年伸びるのはむしろ当然であり、過去最大でもべつに不思議ではありません。

また歳出が膨らんだ理由の一つは、「臨時・特別の措置」一兆七七八八億円が含まれていたからです。「賢いエリート」の財務省が景気を見誤って消費増税という愚策に突っ込まなければ、経済の落ち込みもなく「臨時・特別の措置」も必要ありませんでした。

歳出拡大の問題をいうのであれば、最大の原因である「消費増税」による景気悪化を指摘すべきでしょう。二〇一九年二月十七日に発表された二〇一九年十～十二月期の実質GDPは、何と前期比七・一％減。新型コロナウイルスの感染拡大が最初に日本を襲った二〇二〇年一～三月期でさえ、実質GDPは前期比三・四％減です。財務省が導いた増税による負のインパクトは特大だったといわざるをえません。

財務省と御用学者たちの手口は、国民のあいだに「財政破綻の危機」と「子孫にツケを残す」という言葉を繰り返して洗脳する、というものです。

実際は、日本の国債金利はゼロ近傍にあり、財政破綻の可能性はまずありません。「日本の財政の健全さ」を示すIMF（国際通貨基金）のレポートもあります（詳しくは『「消費増税」は嘘ばかり』PHP新書を参照）。くれぐれも「子孫にツケを残す詐欺」にだまされないでください。

財務省の政策PRと見紛う報道

各新聞社は発行部数減少による経営難を受けて、新聞を軽減税率の対象にしてもらうためのキャンペーンやロビー活動を躍起になって展開してきました。財務省に目を付けられたら終わりだから消費増税の弊害を書かないし、書けない。

二〇一九年末には、妙な話が出てきました。真山仁氏の小説『オペレーションZ』がWOWOWでドラマ化される、という。日本には資産も負債もあるのに、負債部分の借金一〇〇〇兆円の片側だけを見る、典型的な通説に基づいた設定の小説です。

その後、このドラマは新型コロナウイルスによる外出自粛要請の影響で放送未定（二〇二〇年五月現在）になっています。メディアリテラシーの教材としても興味深いので、放送された暁には、新聞とテレビでの取り上げ方に着目してみてください。「とんでもドラマ」と酷評する真っ当なセンスはおそらく見られないでしょう。

なぜなら以前、消費増税に伴う消費減退を抑えるために政府が導入した「ポイント還元策」を新聞とテレビはほとんど批判せず、財務省の政策ＰＲと見紛う報道を繰り広げた「実績」があるからです。

消費税二％の増税は五・六兆円の税収に相当します。ところが、ポイント還元策は〇・三兆円相当、軽減税率が一兆円相当で、消費税率に換算すれば〇・五％程度にすぎません。テレビなどでは印象論として、ポイント還元策が効果を出しているという解説もありますが、そもそも二〇二〇年六月までの時限的な策なので、大きな効果は期待できないのです。

ちなみに増税一カ月後のある世論調査では、ポイント還元制度が導入されたことに伴うキャッシュレス決済の利用について「増やした」は二二％、「増やしていない」は七五％でした。新型コロナ禍でポイント還元制度などすっかり忘れ去られています。財務省のお先棒を担いだマスコミの罪は重い。

「パチンコ屋さんにも頑張ってほしいですね」

ＩＲ法についても、残念ながら的外れな報道が目立ちます。

ＩＲ法は、正式には「特定複合観光施設区域整備法」（http://www.shugiin.go.jp/

internet/itdb_gian.nsf/html/gian/honbun/houan/g19605064.htm）ですが、報道ではもっぱら「カジノ法」といわれています。

これは、全体で二五九条にも及ぶ大がかりな法律です。カジノに関する条文は第三九条から第二三〇条までと多岐にわたりますが、実際、この法律に沿ってリゾート施設がつくられる場合、カジノ施設が占める割合は全体の三％以内にすぎません。海外のＩＲに行けばわかりますが、全体のリゾート施設におけるカジノの面積はとても小さいのです。

二〇一八年七月二十一日、ＴＢＳの『新・情報７ｄａｙｓニュースキャスター』がＩＲ法について取り上げました。番組のなかでＩＲ法を「トランプ法」と呼び、成立を急いだのはトランプ政権への配慮であることを指摘しました。さらに、キャスターの安住紳一郎が「カジノ法案が通るくらいなら、パチンコ屋さんにも頑張ってほしいですね」と述べたことは、大きな問題があります。

後者については、ＩＲ推進論者である松井大阪府知事もツイッターで「しかし、ＩＲ

法案に対するメディアの偏向報道は酷いもんですねー。特にTBSは外資に儲けさせるならパチンコ屋さんに頑張って貰いたいと言う始末、おいおい！　君達は依存症の懸念でカジノ反対だったんでしょ。日本の依存症患者の多数はパチンコなんですけどね」と呆れていました。

まず、TBSの「トランプ法」との決め付けは、事実誤認です。この解説をしたのはアメリカ政治を専門にする学者でしたが、日本でIR法が成立した経緯を知らなかったようです。

IR法は、これまで何回も国会で議論されてきました。直近の経緯だけを見ても、今回のIR法の前に、IR推進法（正式には、特定複合観光施設区域の整備の推進に関する法律）がありました。その法案は、二〇一五年四月二十八日に国会に提出され、そのときは法案が成立しなかったので閉会中審査となり、二〇一六年九月に再び国会に付託され、十二月十五日に成立しました。

このIR推進法は、いわゆる「プログラム法」であり、政府に対して、施行後一年以内を目途として実定法を講じなければならない、としていました（ＩＲ推進法第五条）。

ご承知の通り、トランプ氏が大統領選挙に勝利したのは、二〇一六年十一月のことです。ＩＲ推進法は、その一年半前に国会提出され、その当時、トランプ氏は泡沫候補扱いだったので、どう考えても「ＩＲ法がトランプ法案」というのは無理があります。トランプ氏の周辺で、日本のＩＲ法に賛意を示す人がいるとしても、トランプ氏のための法案ということはありえない。あまりにも日本の経緯を知らない話なのです。

そのうえで、安住氏の「カジノ法案が通るくらいなら、パチンコ屋さんにも頑張ってほしいですね」という発言は、たしかに松井府知事のいうようにひどい。女性アナウンサーが反射的に「そうですねぇ」と応じていたのも、耳を疑いました。

公営ギャンブルは官僚の天下り先

あらためて以下、ＩＲ法の要点を記しておきます。

- 目的は、健全なカジノ事業の収益を活用して国際競争力の高い魅力ある滞在型観光を実現し、観光及び地域経済の振興に寄与、財政の改善に資すること。
- 特定複合観光施設（ＩＲ）は、カジノ施設と①国際会議場施設、②展示施設等、③我が国の伝統、文化、芸術等を生かした公演等による観光の魅力増進施設、④送客機能施設、⑤宿泊施設から構成される一群の施設（⑥その他観光客の来訪・滞在の促進に寄与する施設を含む）であって、民間事業者により一体として設置・運営される。
- 国土交通大臣による基本方針の作成、区域整備計画の認定など、国土交通大臣の権限は大きい。他方、認定申請に当たり、都道府県はその議会の議決及び立地市町村の同意、政令市はその議会の議決を要件化している。
- 認定区域整備計画の数の上限は三とする。
- 日本人等のカジノ利用上限を週三、月一〇回と制限し、日本人の入場管理はマイナンバーカードによる。日本人などに対して、国と地方でそれぞれ三〇〇〇円（計六〇〇〇円）の入場料を徴収する。

・内閣府の外局としてカジノ管理委員会を設置、委員長及び四名の委員は両議院の同意を得て、内閣総理大臣が任命し、カジノ事業者等に対する監査、報告の徴収及び立ち入り検査、公務所等への照会、調査の委託、監督処分等を行う。カジノ行為粗収益に対し国と都道府県でそれぞれ一五％、合わせて三〇％の納付金を義務付ける。

このようにIR法体系を見ると、カジノを扱う官庁は、主が国交省でサブが内閣府になっていることがわかります。これは役人OBの筆者から見ると興味深い。

現在のいわゆる「ギャンブル」業界には、パチンコなどの民間業界が担うものと、役人（省庁）が担う公営の二種があります。後者の「官製ギャンブル」は、競馬（農林水産省）、競輪（経済産業省）、競艇（国土交通省）、オートレース（経産省）、宝くじ（総務省）、サッカーくじ（文部科学省）と、各省がそれぞれ領地を分け合っており、これらは官僚の天下り先にもなっているものです。

今回のカジノは、民間業界ですが、国交省だけではなく、内閣府がはじめて「ギャンブル」に絡んでいる点が興味深い。

ちなみに、民間のパチンコ業界も警察官僚の天下り先の一つとして有名です。パチンコ業界は風俗営業適正化法の適用を受けているため、法的にはギャンブルと見なされていない。パチンコの景品交換も、店外の交換所で行うなど不自然な方式となっているのはみなさんもご承知でしょう。天下りは、こうしたギャンブルを「見て見ぬふり」をするための「お守り」として受け入れられている、という側面があるのです。

海外より高い依存症の割合

こうした観点から考えると現在、日本で隆盛のパチンコ業界が、ＩＲ法からどのような影響を受けるだろうか、という興味深いテーマが浮かんできます。

パチンコ業界に対しては、従来のように「ギャンブルではなく、警察官僚の管理下で容認される遊戯という考え方」と「パチンコをギャンブルと位置付け、代わりにカジノなどと一緒に法規制下に置く考え方」があります。海外では後者が一般的だし、今回成立したＩＲ法は後者なので、パチンコに対する新たな法規制への取り組みも兼ねている、という側面を持ちます。

実際には、今回のＩＲ法はカジノ規制についてしか言及していないので、パチンコまでは含まれませんでした。ただし、ＩＲ推進法に基づき二〇一八年七月六日に成立した「ギャンブル等依存症対策基本法」において、パチンコ依存症もその他のギャンブルと同じものとして扱われ、規制対象となりました。筆者はこれを評価しています。

これは、パチンコをどのように理解するか、という本質的な問題で、筆者にとっては、パチンコという「実質的なギャンブル」が街中にあることにかなりの違和感を抱いているからです。

厚生労働省の調査によれば、日本人の成人の四・八％がギャンブル依存症とされ、この割合は、米国一・六％、香港一・八％、韓国〇・八％と比較しても高いという。パチンコなどが「駅前」などの身近な場所にあることが、海外より依存症の数値が高い理由の一つでしょう。たしかに海外生活経験があれば、これだけ身近に事実上のギャンブルがある国は珍しい。

世界中で試みられているのは、ギャンブルを街中から隔離し、管理して、関心のない国民を守る（あるいは、関心のある国民でも依存症から守る）というスタンスです。もちろんギャンブルがなくなれば、それに越したことはありません。しかしそれができないので、次善の策が必要になるわけです。多くの国家がこれに頭を悩ませており、カジノを認めているのは、苦肉の策ともいえるのです。

野党の対案は与党と一緒

ＩＲ法が成立し、カジノが日本に導入されることになれば、パチンコにも世界標準の規制が求められるでしょう。ＩＲ法がなくてもあるべき方向に向かうべきだ、という議論はありますが、パチンコ業界には強固な利権もあり、抵抗勢力が多い。過去の経緯も考えれば、今回のＩＲ法はギャンブル対策に一歩前進したと評価するべきでしょう。

ＩＲ法に反対する人たちは、単純にカジノがけしからん、という話をするだけで、自分たちがパチンコ業界の利権を間接的に守っている、という自覚がありません。

「ギャンブル等依存症対策基本法」が成立した際、立憲民主党や共産党はこれに反対しました。立憲民主党は「同様な依存症対策基本法案を提出している」と主張しましたが、法案の条文建てを見たら与党の基本法案とほぼ同じ。いってみればパクリ法案で、「法案を出した」というアリバイ工作にすぎないのが見え見えです。

本気の対案も出さず、反対しかしないのはパチンコ利権の擁護のためなのか、といわれても仕方ないでしょう。

挙げ句マスコミは、冒頭のＴＢＳのように「パチンコにも頑張ってほしい」という始末。いったいこの国はどうなっているのか、と思います。

脱税の多さ

もちろん筆者は、パチンコそのものの存在を否定するつもりはありません（性格的にすぐ確率を計算してしまうので、負けるのがわかっていると冷めてしまうから自分ではしません）。

しかしカジノに反対している人が、パチンコ産業の持つ問題点のほうには触れないのはおかしい。

たとえば、パチンコは脱税の多い業種です。毎年国税庁から公表される「法人税等の調査事績の概要」を見ると、法人税の不正発見割合では毎年、上位に入っています。

依存症については、パチンコも今回の流れのなかで「その他ギャンブル」と同じ扱いになりました。次に必要なのは、パチンコに対する課税です。すでに役人が管轄するギャンブルについては、高い納付金が課せられています。また今後、カジノに対しては、民間では三〇％の納付金が課せられます。

他方、パチンコはこれまでギャンブルではないとされてきたので、業者に対しては通常の法人税しか課税されていません。今後はパチンコ業者に対しても、カジノ並みの課税をすべきだ、という議論が起こってくるでしょう。

ＩＲ法に反対する人たちは、なぜパチンコの不自然な点については黙認するのでしょうか。また、『新・情報７ｄａｙｓニュースキャスター』のように、マスコミもなぜかカジノには批判的で、パチンコには優しい。そうした闇こそ新聞とスポンサーに影響されないと自慢するＮＨＫには追及してもらいたいものです。

欧米型より日本型ギャンブルのほうが危険

ＩＲ法の成立後、カジノを含む統合型リゾート施設（ＩＲ）参入をめぐる汚職事件が摘発され、収賄容疑で国会議員が逮捕されました。他の議員も現金を受け取った疑惑も浮上しました。これらがＩＲ設置にどのような影響を与えるのか、筆者は注目しています。

繰り返しますが、カジノが警戒されるのはギャンブルだからです。しかし、ギャンブルという観点から見れば、欧米型のカジノは、従来の日本型ギャンブルより、負けて生活破綻する可能性は少ないともいえるのです。

ギャンブルの依存症危険度を見る尺度の一つとして、予想収益率（還元率）というものがあります。一〇〇円を賭けた場合、平均して稼げる割合を表すものです。胴元の取り分があるため、必ず一〇〇％には達しない仕組みになっている。ギャンブルでは、一〇〇円以上稼げることもありますが、負けることが圧倒的に多いのはそのためです。

予想収益率を見ると、概してパチンコは八〇％程度（ただし公表データが少ないので、この数字に異論のある人もいます。この数字より多少高くても、以下の議論の結論は影響ありません）、公営ギャンブルは七五％程度、地方自治体の宝くじは五〇％以下、そして欧米系カジノは九五％程度といわれます。予想収益率が高ければ、依存症になった場合の危険度はより少ない。欧米型のカジノは、ギャンブルとしては比較的「良心的」との見方もできます。

ギャンブル依存症になるのは、こうした予想収益率を合理的に理解できないからでもあります。

予想収益率が一〇〇％に達しないのに、ギャンブルにのめり込むのは非合理なことだともいえます。しかし多くの一般人は、平均的には負けることを覚悟しつつも、スリルを楽しむ対価として捉えているはずです。したがってあらゆる人が中毒になる、という見方は早計です。

また欧米型カジノの場合、ギャンブルの場所が日常生活の場から隔離されているので、パチンコ店など街中にある日本型ギャンブルと比べて依存症になりにくい、ともいわれています。

与野党の主導権争いで損なわれる国民の益

こうした意味で、欧米型カジノには日本型ギャンブルより受け入れられやすい特徴もあります。にもかかわらず今回のＩＲ疑惑は、ファクトベースの議論を吹き飛ばしかねない。政治が絡んでいるからです。

ＩＲは安倍政権の目玉だといわれますが、実際は民主党政権時代にも推進されていました。パチンコ議連に名を連ねている国会議員は与野党ともに多い。ＩＲ推進の背景には与野党議員の思惑が絡んでおり、ギャンブルの主導権争いともいえます。

マスコミ報道は、依存症対策の面からもＩＲを「よりましなギャンブル」という観点から伝えていく必要があるのではないでしょうか。このままＩＲが頓挫すると、既存のギャンブルの問題は温存されたまま、パチンコ関係者だけがほくそ笑んで終わるだけになるかもしれない。それは大局的に見て、国民の益を損なうことにつながりかねません。

第六章
コロナウイルスとZ緊縮病からの脱出

緊急事態宣言の解除をめぐって

新型コロナウイルス感染拡大の厳しい状況が続くなか、ようやく感染収束への薄日が見えてきました。

二〇二〇年四月七日に発令された緊急事態宣言解除の基準について、専門家会議は次の三つの目安を示しました。

第一は、新規感染者数について。一週間で人口一〇万人当たり〇・五人未満程度、直近一週間の新規感染者数の合計がその前の一週間の数を下回っていること。

第二は、医療提供体制に関して。重症者が減少傾向にあり、医療体制が逼迫していないこと。

そして第三は、検査体制について。ＰＣＲ検査のシステムが確立され、検査件数が極端に少なくなっていないこと。

要は適切な検査が行われており、新規感染者数が医療崩壊を起こさないレベルで低く、かつ減少していれば解除するというもので、標準的な考え方です。

「新規感染者数のデータが当てにならないので、意味がない」という意見もありました。しかし得られる情報に制約があるなかで、仮にすべての患者を捕捉できていなくても、新規感染者数が全感染者数のサンプリング結果だと思えば、これ以上に使えるデータはありません。現時点ではやむをえない。

各国でも基本的には新規感染者数に着目し、医療崩壊を起こさないように各種の基準をつくっている。日本の基準も同じ考えであり、評価できます。

そうした検討の結果、二〇二〇年五月十四日に三九県、五月二十一日に三府県で緊急事態宣言が解除され、五月二十五日には残る首都圏と北海道の五都道県で解除されました。全面解除されたとはいえ、今後の生活や経済活動には制約が課され、世界的な収束の見通しは立っていません。

全国民へのＰＣＲ検査はやはり不要だった

この間、メディアを巻き込んで大きな論争になっていたのが、ＰＣＲ検査の実施対象でした。

新型コロナウイルスのＰＣＲ検査については、筆者はやはり全国民を対象にやるべきではないと考えています。もちろん、現場の医師が必要だと判断した場合には検査を行うべきだし、その際のスピードや効率を上げるのはいうまでもない。とはいえ、やみくもにＰＣＲ検査をしてもコストパフォーマンスが悪いことに変わりはないのです。

ところが、相変わらずメディアでは、ＰＣＲ検査を全国民に実施すべきとの主張が繰り返されています。

先日は、一部メディアで「ＰＣＲ検査を倍にすれば、接触が五割減でも収束可能」という数理モデルによる研究結果が報じられました。しかし、そのモデルの前提は感染の初期段階である、と明記されています。現在の新規感染者がピークアウトしていることを考えれば、非現実的なものでした。

接触削減による効果は数理モデルのなかで処理されるので、ＰＣＲ検査が接触削減に代替しうるかどうかも、数理モデルのなかで扱うのがよい。この意味で、その論文に興味があった筆者は原典を読みましたが、現実離れしたものでした。

しかし感染の初期段階には有効かもしれない、と再び検討してみましたが、いまのところ感染初期であっても、ＰＣＲ検査によって接触削減に代替するのは実務的にかなり困難のようです。

というのは、ＰＣＲ検査の誤判定については他の抗体検査などを併用することで少なくすることは可能であっても、検査自体の実施に時間がかかってしまい、そのあいだに人と人との接触があれば、あっという間に感染してしまうからです。

ドライブスルー検査もありますが、多くの場合は人同士の接触機会がある程度、発生するのは避けられません。極端なことをいえば、検査の機会が感染を拡大することにもつながりかねない。検査を受けるために医療機関に来ると、感染の確率が高くなる、という院内感染の経験からもわかります。

したがって、現場の医師が要請するレベルであれば、感染症の検査を行なって治療する。それが社会隔離になり、感染症の不必要な拡大を防止できるので、便益は費用を上回ります。しかし現場の医師が要請するレベルを超えれば、検査を受ける人の満足は高まるものの、医師に不必要な負担をかけることになり、他への医療資源を奪いかねないデメリットがあるのです。

実際に、統計上の日本の死者数は少ない。表面的な死者の少なさより、予測される死亡者数と比較した場合の、増加分の死亡者数である「超過死亡」を見るべきだ、という意見もあります。しかし、国立感染症研究所などの統計でも超過死亡は現在のところ大きくありません。

ＰＣＲ検査が不足しているといっても、いまのところ弊害は出ておらず、全国民に拡大すべきという論拠にはならないのです。

消費税より国民の命と経済が優先

第一波の感染拡大は収束に向かっているようですが、今後の第二波、第三波にも備えなければいけません。また、以前の生活や経済活動を取り戻すにはまだまだ時間も必要でしょう。

二〇二〇五月十八日、一～三月期の国内総生産（GDP）速報値が公表されました。実質GDP成長率について、民間三三社のエコノミストの予測平均は前期比四・六％減（年率換算）。筆者は、かなり以前から五％減の予測を表明していました。

蓋を開けてみれば、二〇一九年十～十二月期は七・一％減。七～九月期は〇・一％増とほぼゼロでしたが、それを入れずとも二期連続のマイナスで、すでにリセッション（景気後退）でした。

さらに悲惨なのは二〇二〇年四～六月期で、二五％減程度ではないか、と筆者はかねてより予測していました。となると、二〇一九年七～九月期と比べて四〇％減程度という大幅な落ち込みです。アメリカでも米議会予算局が四月に公表した経済見通しでは、3四半期合計で四〇％減程度と、日米ともに似たような状況でした。

日本も世界も、すでにリーマン・ショック級の事態になっています。安倍首相はこれまで、消費増税を見送る条件として、「リーマン・ショック級の危機」を挙げてきたのだから、この未曾有の経済危機は、思い切った消費税減税を行う大義名分に値します。いまは消費税よりも国民の命と経済を優先すべき危機なのです。

もし日本でこれだけのGDP落ち込みを放置していると、今後、三〇〇万人程度の失業が予想され、それによる自殺者が一万人程度も増加するでしょう。新型コロナによる死者は一〇〇〇人程度と見られているので、経済悪化に苦しむ人のほうがケタ違いに多いのです。

もちろん十〜十二月期は消費増税の悪影響もありました。それにコロナショックが加わった結果です。

「供給ショック」ではなく「需要ショック」

コロナショックは消費増税ショックを含めて、需要がなくなることによる「需要ショック」です。一部の経済学者は、サプライチェーンが分断されることによる「供給ショック」と考えている人もいて、そうした人は「コロナ増税」を主張しがちです。

もっとも、増税論者はいつでも増税ありきなので、後付けの説明のために供給ショックという体裁を取りたがります。たしかに供給も不変ではありませんが、問題は需要と供給のどちらが大きく落ち込むか、ということなのです。

今回のコロナショックでは、観光業が打撃を受けるとともに、人の移動が制限されたことによる経済活動の停滞もあります。何より重大なのは、自粛活動によって大きく需要が失われたこと。経済需要の落ち込みが凄まじく、戦後、例のない苦境といってよい。さかのぼると、戦前の大恐慌に匹敵します。

緊縮財政が「男子の本懐」？

振り返ると百年前のスペイン風邪から関東大震災、昭和恐慌時に、日本はどのように危機から脱出できたのでしょうか。コロナショックからの脱出を目指すうえで、参考にすべき点は多い。

昭和恐慌は、一九三〇年から三一年にかけて起こった戦前日本の最も深刻な恐慌で、第一次世界大戦による戦時バブルの崩壊が契機でした。

一九二〇年代、世界の主要国は金本位制へと復帰していましたが、その結果として二〇年代末期から世界大恐慌が起こります。このような状況下で、一九二九年七月に成立した立憲民政党の濱口雄幸内閣は、金解禁・緊縮財政と軍縮促進を掲げました。

これらのマクロ経済政策は、現在でいえば「金融引き締め政策」と「緊縮財政政策」のことです。濱口雄幸内閣の事情は城山三郎著『男子の本懐』（新潮文庫）に書かれていて、ご存じの方も多いと思います。

同書では、濱口首相は東京駅で銃撃され、非業の死を遂げた英雄として描かれていま す。その大前提として「立派な経済政策を遂行した」という見方があり、その信念を男の美学として「男子の本懐」と呼んでいるわけです。

筆者は四十年前、当時の大蔵省に入省したとき、新人研修でこの本を読んで感想文を書かされました。「命を懸けて己の信念に打ち込むことは素晴らしい」と書けばよかったのでしょうが、あいにく筆者は正直なところ、金解禁つまり金本位制への復帰のどこが正しいのか、さっぱり共感できませんでした。

そのため、素直に「正しいかどうかわからない政策に命を懸けるのは、いかがなものか」という内容の文章を書いた記憶があります。

当時の日本にとって、金本位制に復帰するのは金融引き締め政策にほかならない。これを緊縮財政とセットで行う「しばき上げ」政策は国内の失業者を増加させ、マクロ経済運営において大きな問題を引き起こすはずだ、とも書きました。

すると筆者は同僚の前で、大蔵省の先輩教官に面罵されました。この教官はその後、事務次官になっています。

史実に戻ると、この金融引き締めと緊縮財政政策は政変（濱口雄幸遭難事件）によって終了します。一九三一年十二月、立憲政友会の犬養毅内閣が発足すると、高橋是清蔵相はただちに金輸出を再禁止し、金本位制から離脱して、積極財政に転じました。

この積極財政は日銀引受を伴い、同時に金融緩和も実施され、民政党政権が行なってきたデフレ政策を一八〇度転換する「リフレ政策」となりました。その結果、先進国のなかでも、日本は恐慌から比較的早く脱出できたのです。

昭和恐慌は、世界恐慌とともに、需要ショックにより引き起こされました。それには高橋是清が行なったような日銀引受を伴う金融緩和と積極財政が、最も有効な処方箋です。

今回のコロナショックも「供給ショック」の面はたしかにありますが、人の移動制限とビジネスの停止による急激な需要喪失という「需要ショック」の面がむしろ強く、昭和恐慌と同様な経済対策が必要だと思います。

全体主義国家に甘いマスコミ

こうした歴史観で少し脱線しますが、筆者は、いまの状況は百年前のスペイン風邪、九十年前の大恐慌・ブロック経済化・ナチス全体主義の台頭、八十年前の第二次世界大戦勃発と類似している、と思っています。

もちろん感染症対策は百年前とは様変わりですが、社会的なインパクトという意味では、いまのコロナ問題はスペイン風邪に匹敵します。

九十年前の大恐慌は、金本位制に固執して金融引き締め政策になってしまったことが根本原因であり、スペイン風邪とは直接の関係はありません。しかし、大恐慌後のブロック経済化はスペイン風邪の影響が根底にあるでしょう。今回のコロナによって、戦後には例がない、戦前の大恐慌並みに経済が落ち込むでしょう。そうしたなかで財政緊縮に陥ると、大恐慌の二の舞になる恐れがあるのです。

九十年前のナチス全体主義の台頭は、筆者の穿《うが》った見方かもしれませんが、中国の一党独裁体制が伸張しているのと重なってしまいます。ナチスのユダヤ人迫害は中国のウイグル族迫害、香港での一国二制度否定と同じように見えます。

戦前においては、欧米諸国は内向きでドイツの全体主義の台頭を許してしまい、結果として第二次世界大戦によって排除することができました。今回は、戦争なしでどのように全体主義を排除できるかがポイントでしょう。日本の一部マスコミは全体主義国家に甘いので、その意味でもマスコミ記事には要注意です。

「事業費一〇八兆円」は煩悩の数

しかし、政府の経済対策は積極財政とはいえないものです。

ＩＭＦ（国際通貨基金）は二〇二〇年の世界経済の成長率について、一九二九年の世界恐慌以降、最悪になるという見通しを明らかにしました。世界経済の成長率は、じつに一七〇カ国以上でマイナスに落ち込む、という厳しいものだったのです。

そうしたなかで日本政府は二〇二〇年四月七日、緊急経済対策を発表しました。事業費こそ当初の六〇兆円から一〇八兆円に倍増し、さらに一一七兆円へと増額されたものの、肝心の「真水」は二五兆円ほどにとどまりました。

最初に「事業費一〇八兆円」を打ち出した際は、ＧＤＰの二割だと胸を張りましたが、筆者は真っ先に煩悩の数を連想しました。事業費とＧＤＰは、企業でいえば売上高と利益ほど異なる概念なので、比率を計算すること自体に筆者には違和感があります。重要なのは、ＧＤＰを押し上げる効果のある真水なのですから。

この真水の規模については、経済対策を検討した与党議員ですら、おおよその数字もよく知らない。財務省は補正予算の準備をしているはずなので、財務省が与党議員に積極的に知らせなかったのでしょう。そんな状態で、議論に応じる与党議員も情けない。重要情報を知らずに意思決定をしていることになるからです。

「緊縮という病」に感染したエリートたち

財務省は、日本の財政は危うい、財政支出をすると国が破綻する、と思い込んでいます。財政破綻を回避するために財政緊縮が何より優先される、というわけです。この「財務省緊縮病」には、麻生太郎財務相をはじめ多くの国会議員が感染しています。

かつて危機の対策として、筆者は政府小切手の政策提言を出したことがあります。実際に米国などで実施されていたからですが、ある政府関係者は「全国民に配布するのが実務上困難」といっていました。

そこで筆者は、第一次安倍政権のときに全国民へ送付する「ねんきん定期便」を企画して実施しました。これは国民の住所確認の役割もあります。すでに実施されてから十年もたつので、いまなら国民の住所管理も十分にできていて、政府小切手を配布できるはずと思っていたのです。

しかし、今回も政府ははじめ「全国民には無理」といっていました。ところが、そうこうしているうちに突然、安倍首相が日本郵便の全住所配布のシステムを活用して「マスクを全世帯に配布する」と言い出しました。やはり全国民へと配布できるのです。

そうであれば、収入半減者に三〇万円支給から一転、一人一律一〇万円の給付金を盛り込んだ補正予算が成立したのち、すみやかに政府小切手、正確にいえば記名式政府振出小切手を送付すればよい。記名式政府振出小切手には受取人の名前があるので、誤配達や盗難に遭っても記名人以外は銀行で換金できない。というわけで、郵送では危ないという人も心配無用なのです。ちなみに政府小切手方式は、かつて米国などで採用されたことのある確実な方法です。

にもかかわらず、各自治体から世帯主宛に申請書類を送付後、必要事項を記入して役所に返送し、それから世帯主の口座に家族全員分の給付金を入金するという、おそろしく煩雑で時間のかかる方式が採用されました。唯一の時間短縮策であったマイナンバーカードを使ったWEB申請も、パスワードの再発行に手間取るなどして、郵送のほうが早いといわれる始末です。

まさか給付は一回切り？

実際に一〇万円給付の申請書を見て、筆者は唖然としました。一〇万円の申請書にマイナンバー記入欄をつくっておき、次の給付金のときには、申請書なしですぐに銀行振込できるようにすべきで、これはマイナンバーカードがなくてもできることです。

マイナンバー記入欄をつくるなら、給付金の受給を希望しない人は申請書を返送しなければよいので、その意思を問う欄は不要のはずです。そこに、マイナンバーの記入欄をつくり「今後は申請なしで、銀行振込に同意するなら番号を記入」とすればよい。こうした工夫がされていないということは、まさか財務省は「給付はこの一回切り」と考えているのではあるまいか。

緊急経済対策の、まず小出しにして批判されると追加するというやり方は、日本軍がやって大失敗した戦力の逐次投入のようでもあり、政府与党が財務省の「緊縮病」にかかったかのような振る舞いです。この「財務省緊縮病」には強力な感染力があり、財務官僚と話しただけで感染してしまいます。

もちろんマスコミも、新聞は消費税の軽減税率という毒まんじゅうを食べているために財務省に抵抗できず、相変わらず緊縮財政にエールを送っています。彼らもまさに緊縮病患者です。

学者も、審議会委員をあてがわれたりして、やはりほとんどが財政緊縮病にかかっています。あるマクロ経済学の第一人者などは「コロナ対策で必要なのは増税だ」という提言を出して、皆を唖然とさせました。

財界も、消費増税の代わりに社会保険料据え置き、法人税減税を財務省に持ち出され、財務省の応援に回っています。筆者は、新型コロナウイルスだけでなく、財務省緊縮病も、人命に関わる恐ろしい病だと思っています。

今回の緊急経済対策には、少額ながら海外生産拠点の日本への回帰を促すものなど、よい対策も盛り込まれてはいます。しかし、あまりに真水が足りなさすぎて、評価に困るというのが正直なところです。

そもそも日本は、コロナショックだけでなく、二〇一九年十月の消費増税によってすでに経済がさんざん痛め付けられています。そこへコロナショックが追い打ちとなり、さらには東京五輪の一年延期も決まりました。

「Z緊縮病」患者に財源のつくり方を教えよう

安倍政権で首相補佐官をしていた磯崎陽輔前参議院議員（自民党）は、ツイッターで「全額休業補償をすれば、国は、財政破綻します。国名を挙げれば失礼ですが、イタリアと同じような状況になります。それは、医療崩壊へとつながるのです」とツイートしていました。

これに対して、筆者は「もしこのような間違った財政破綻論にとりつかれていたら、確実に『Z（財務省）緊縮病』患者。全額休業補償に必要なのはせいぜい数兆円レベル。これで財政破綻と言い切るのは、一、二、……九、一〇、『たくさん』という人。その程度の財源作りなら教えますよ」とリツイートしました。

いちばん簡単なのが国債費の減額です。二、三兆円の財源なら簡単にひねり出せて、からくりはこうです。

国債費は、財務省（理財局）が財務省（主計局）に対して概算要求を行います。二〇二〇年度の国債費要求額二四兆九七四六億円は、一九年度予算額二三兆五〇八二億円より一兆四六六四億円多い。その内訳は、債務償還費一六兆一一一二億円、利子及割引料八兆八二五九億円、国債事務取扱費三七五億円です。

まず債務償還費は、減債基金への予算繰入です。減債基金とは、国債を漸次償還し、その残高を減らすために積み立てる基金とされています。そのため、国債残高の一・六％をこの予算に繰り入れると法律で決められているのです。

ただし、民間会社の社債発行で、減債基金という話は聞かない。減債基金の積み立てのために、さらに借金をするのはおかしいというのは、誰でもわかる話でしょう。民間の社債では、借り換えをして余裕が出たときに償還するというのが一般的で、これは海外の国債でも同じです。海外の先進国では、かつては国債の減債基金が存在していましたが、いまではなくなっています。

なので、債務償還費はナシでもまったく困りませんが、時代錯誤の法律があり、その改正が必要なので、おそらく減額・廃止されることはないでしょう。

マイナス金利を逆手に取る

次に、利子及割引料。日本の債務残高は一〇〇〇兆円といわれます。そのうち、利子及割引料はその〇・八％に相当します。過去に発行した国債の利払いも必要なので、過去十年間の十年国債金利を調べると、平均で〇・五％。このことから考えると、せいぜい利子及割引料は五兆円程度あれば十分なのです。

にもかかわらず、なぜ九兆円弱も予算を積んでいるのでしょうか。それは、例年秋の臨時国会で補正予算がつくられるときのための財源を、本予算に盛り込んでいるせいなのです。こうすることで、当初の国債発行額も水ぶくれとなり、財政危機を煽る財務省にとって一石二鳥だからです。

筆者が現役官僚のときは、査定すべき財務省（主計局）は要求する財務省（理財局）に対して、概算要求を水増しするようにいってきていました。同じ財務省内ならではの馴れ合い話です。

せいぜい五兆円くらいしか利子及割引料は使われないので、三兆円程度減額してもまったく問題ない。それが今後の補正予算の財源になります。

さらに二〇二〇年は、これらとはまったく違う財源があります。それは、異様なマイナス金利環境です。

マイナス金利に、長期金利のほうが短期金利より低いという「逆イールド」が加わっている現在の状況は、金融機関にとっては最悪ともいえます。しかし、実体経済にとっては、金利負担なしで長期資金が借りられるので、設備投資の絶好のチャンスです。実際、不動産投資や住宅投資はかなり良好です。

金利がゼロになるまで無制限に国債を発行する

また政府は、この機会にインフラ整備をどんどん行なったほうがよい。長期金利がマイナスということは、金利コストがゼロなので、費用対効果さえ算定すれば、ほぼすべてのインフラ投資が正当化できることを意味するからです。

東日本大震災以降、日本列島で地震が活発化しているという意見もあります。そのリスクに備え、震災被害を事前に最小化するために、将来投資は必要不可欠のはずです。

この将来投資は物的資産が残るので、建設国債になります。建設国債は赤字国債ではないので、そもそも借金問題を気にする必要はなく、必要であればどんどん発行すればよい。国債市場はマイナス金利なので、よほどひどい公共事業でなければ採算があり、将来投資には良好な環境なのです。

これらは通常時でも考えうる普通の政策ですが、マイナス金利環境をさらに生かそうと思えば、次のような仰天の施策もありえます。

「金利がゼロになるまで無制限に国債を発行し、何も事業をしない」というだけでいいのです。

たとえば、十年国債金利はマイナス〇・三％程度で、これは一〇〇兆円発行すると、年間金利負担なしで、しかも一〇三兆円の収入があることを意味します。マイナス金利というのは、毎年金利を払うのではなく「もらえる」わけで、〇・三％の十年分の三兆円を発行者の国が「もらえる」のです。

ここで「一〇〇兆円を国庫に入れて使わず、三兆円だけ使う」とすればよい。もちろん、国債を発行すれば若干金利も高くなり、このような「錬金術」が永遠に続けられるわけではありませんが、少なくとも金利がゼロになるまで、国としてコストゼロ、リスクゼロで財源づくりが可能です。この施策が面白いのは、財務省が国債を「悪いもの」として扱ってきたのと真逆の発想であることです。

すでにマイナス金利が顕在化していた二〇二〇年二月、ＮＨＫのニュースは財務省の緊縮病に倣って「国の借金一一〇〇兆円超」と報道し、「政府は新年度予算案で、国債を三二兆六〇〇〇億円余り、新たに発行することにしていて、財政健全化の道のりは険しさを増しています」と国債発行を戒めていました。

財務省がゼロ金利までの無制限国債発行を行うと、日銀がいまやっている金融政策とも相乗効果が出てきます。

日銀では近年、イールドカーブコントロールという長期金利がゼロになるような国債買い入れの調整を行なっています。ただし最近の日銀の国債購入は、異次元緩和が始まった当初の年間八〇兆円ベースから、三〇兆円ベースまで落ち込んでいるのです。市場の国債が品不足だからで、そのため、金融緩和圧力は高くない。

ここで財務省がゼロ金利まで国債無制限発行に乗り出せば、日銀の金融緩和効果はさらに高められます。しかも、得た財源で景気対策を行えば、まさに財政・金融一体政策となり、目先の消費増税ショックを回避できる可能性も出てくるほか、金利正常化で金融機関支援にもなる一石三鳥の経済対策です。

インフレにならない日銀の国債買い入れ

さらに、通貨発行益を利用し、マイナス金利以上に財政負担のない方法もあります。発行した国債を日銀が買い取るのです。いまのように需要ショックのときには、インフレどころかデフレになります。ということは日銀が国債を購入して多少、金融緩和してもインフレにならない、ということです。ですから、日銀は大量に国債を買い取ることができます。

日銀が購入した国債に対して、もちろん利払い費用は発生しますが、日銀は政府子会社であり、得た利子収入はそのまま政府納付金になります。つまり日銀が購入した国債については、政府は事実上「利払い費なし」ということです。さらに、日銀が購入した国債については、償還が来ても現金償還することはなく、新規に国債発行した分で償還します。つまり、日銀が購入した国債は政府にとって償還負担もないのです。

このように、デフレ圧力があれば、日銀が購入できる国債には政府は利払い負担も償還負担もありません。いまの状況では、一〇〇兆円程度の日銀買い入れはインフレにならずに可能でしょう。

カネを出すが口は出さないように

こうした「美味しい」金利環境を財務省が見過ごし、金利ゼロまでの無制限国債発行を行わないとすれば、それは彼らが増税しか頭にない「無能官庁」であることの証明といえるでしょう。

地方自治体では、マイナス金利環境もなく通貨発行益も使えないため、東京都を除けば、住民に一〇〇〇億円規模の財政支出は難しい。しかし、国にはマイナス金利と通貨発行益という「奥の手」があり、各国は、通貨発行益を使うために、大規模な金融緩和を行います。そして、戦時のような非常時において、国民の生命を守ろうとするのです。

今回の緊急事態宣言の根拠となっている新型インフルエンザ等対策特別措置法は、国が「カネを出さないくせに地方自治体のやることに口を出す」悪法です。国がカネをつくるのは簡単なので、カネを出すが口は出さないということもできるはずで、このように国は動くべきでしょう。

「集団免疫」か「根絶」か

新型コロナウイルス感染による死者を抑える施策は、緊急事態宣言による自粛や医療関係者の尽力で続いています。他方で、先述したように経済の悪化によっても死者は出ます。経済による死者を少しでも減らすには、どのような方策が必要なのでしょうか。

新型コロナウイルスによる感染は数理モデルで表現されます。何の施策もとらなければ、ウイルスは国民のかなりの人に感染し、その一定割合は死亡してしまいます。生き延びた人は免疫を持ち、その後は新型コロナウイルス感染症にかかりにくくなります。

強力な移動制限など（新薬やワクチンを含む）の措置をとった場合、感染は広がらず、それまでに感染していた人の一定割合が死亡します。

数理モデルの話なので極端ではありますが、前者を「プランA」とすれば、死者は数十万人で経済コストはほぼなし。後者を「プランB」とすると死者は一〇〇〇人程度、経済コストは一〇〇兆円以上ということになります。ここでいう経済コストは、移動制限などに伴い経済活動が縮小することによるGDPの低下額で見ることが可能です。

なお、相手はウイルスなので、プランAとプランBの折衷というのは考えにくく、プランAの「集団免疫」か、プランBの「根絶」かの二択にならざるをえません。

ただし「経済による死者」を考えると、プランAでは「ほぼなし」なのに対して、プランBでは経済コストが一〇〇兆円以上なので、失業者は二〇〇万〜三〇〇万人発生し、それによる自殺者は一万人程度です。

国の政策は国民の生命を守ることなので、ウイルスによる死者と経済による死者の合計を最小化すべきです。

死者の合計はプランAでは数十万人、プランBでは一万人程度なので、筆者の意見としては、どちらかといえばプランBを選択したいと思っています。

もっと死者を減少させる「プランC」も考えられます。これはプランBの変形で、経済コスト一〇〇兆円以上を民間ではなく、国が負担する方式です。民間で負担すれば失業者は避けられませんが、国が休業補償などの形で負担すれば、失業は可能な限り回避できるし、短期間で終了させることもできるからです。プランCでは、死者はウイルスによる死者一〇〇〇人程度だけとすることさえも可能です。

つまりプランCは、移動制限などに伴うGDP減少を休業補償や現金給付、減税などのマクロ経済政策による政府需要増加で補うことにほかならない。

ここで、話を現実問題に戻してみましょう。繰り返しますが、二〇一九年十〜十二月期でGDPは約七％減（年率換算、以下同）。二〇二〇年一〜三月期GDPは五％減程度、八月に公表される四〜六月期は二五％減程度になると予想されます。現実問題として考えると、この予想を前提としても有効需要は五〇兆〜一〇〇兆円程度が必要になってきます。

第一次補正予算に盛り込まれた緊急経済対策は「真水二五兆円」程度なので、まだ足りない。経済での死者を減少させるには、さらに五〇兆円以上の有効需要が必要で、そのための緊急経済対策と第二次、第三次補正予算による予算の裏付けが求められます。

一〇〇兆円基金で有効需要の創出を

ここで、コロナショックという未曾有の経済危機に対する筆者の経済対策案を提言したいと思います。

筆者の提言は「一〇〇兆円基金」です。一〇〇兆円あれば、かなりの経済ショックに対応できる有効需要を創出できます。これには予算総則の改正が必要ですが、そのとき同時に日銀引受も可能にしておけば、財政問題はなくなります。一方、一〇〇兆円程度であれば、ひどいインフレを心配することもありません。

そのなかで時限的な消費減税、現金給付、納税・社会保険料の減免を行えばよい。税率五％への消費減税なら、全品目軽減税率採用で有効需要一五兆円。全国民へ二〇万円の現金給付を政府小切手で行えば、有効需要二〇兆円。社会保険料の半年免除で、有効需要二〇兆円。こうした即効性のある対策を打ち出せばよいのです。

日銀は二〇二〇年四月二十七日の金融政策決定会合で、国債の無制限買い取りを表明しました。ただ、筆者は地方債もオペ対象とすることを期待していたのですが、それは見送られてしまいました。

百年に一度のレベルなら百年債を

コロナショックは未曾有の経済危機を引き起こそうとしています。経済対策が必要ですが、巨額であるために中央政府と地方政府は債券発行が必要になります。こうした債券発行は、危機が百年に一度のレベルなら百年債を発行する、というように平準化理論からも正当化できます。

さらに中央銀行は、それらを買い取り・引き受けしたりして、市中金利の上昇を抑制することが可能です。

また多少のインフレを甘受するなら、中央政府の利払いや償還負担もなしにすることもできます。これは、中央銀行の通貨発行益を中央政府が使えるからです。とくに今回の経済危機は需要ショックの要素が大きく、デフレを加速させるので、インフレを心配する状況でなければ中央政府の債券（国債）発行を中央銀行が買い入れ・引き受けることには正当性がある、と思います。

中央政府も地方政府も未曾有の経済危機に直面しており、あらゆる政策手段が動員されるべきでしょう。中央銀行の地方債購入もその一つであり、通貨発行益を利用して、地方政府の財政負担を軽減できます。

通貨発行益のほかにも、中央銀行が地方債を購入すれば、当面の金利上昇は抑えられるので、この点でもメリットがあります。

そもそも、日銀が国債を購入し、企業債も購入するというのであれば、信用リスクから両者のあいだに位置する地方債を排除する理由はもはや存在しない。日銀に地方債購入をしない理由を聞きたいものです。

積極財政政策と金融緩和政策の同時発動

筆者は政策を判断する際、海外の事例との比較を用います。他国で実際に起きたことであれば、政策の実現性を考える際に有用だからです。

海外で実施されているのに、日本で実施されていない場合、往々にして政治的な抵抗や官僚の抵抗があることが多い。逆に、海外で一度も実施されていない政策は、日本でも実施するのは難しい。どれほどアイデアが優れていても、前例があるほうが、格段に実行が容易だからです。

二〇〇八年のリーマン・ショックの際、国際標準は「積極財政政策と金融緩和政策の同時発動」でした。実際にほとんどの先進国で行われましたが、日本では財政支出の規模が足りず、金融緩和も行われませんでした。その結果、リーマン・ショックの震源地からほど遠いにもかかわらず、日本経済への打撃はかなり大きかったのです。

とくに白川方明総裁時代の日銀では量的金融緩和が行われなかったため、他通貨に対して円の希少性が生じてしまい、猛烈な円高となって日本経済を痛め付けました。このことは多くの人の記憶に残っていることでしょう。

東日本大震災時の復興増税の間違い

二〇一一年の東日本大震災の際の処方箋も、同様に財政政策と金融政策の同時発動でした。しかし、これも十分に行われなかったどころか、復興増税の導入という古今東西にない愚策が実行されてしまったのです。

そして今回の新型コロナウイルス感染問題でも、財政規律を強調したり、緊急経済対策での国債増発に伴う将来の増税が必要との声があちこちで上がりはじめています。筆者には気がかりでなりません。

復興増税は復興特別所得税、復興特別法人税、復興特別住民税の三種類。所得税は税率二・一％で、二〇一三年一月から二〇三七年十二月まで二十五年間、課されることになっています。

法人税は税率一〇％で、二〇一二年四月から二〇一五年三月まで三年間の予定でしたが、一年前倒しで二〇一四年三月に廃止されました。

住民税は、府県民税・市町村民税合わせて一〇〇〇円を二〇一四年四月から二〇二四年三月までの十年間、課されています。

所得税の税率二・一％は、仮に消費性向九〇％で消費税に換算すれば二・三％程度なので、消費に与える影響は大きい。具体的にいえば、実質所得を四・六兆円程度減少させ、その結果、消費も四兆円程度減少させます。

筆者は繰り返し指摘していますが、大災害時の増税はありえない。前記のように、大災害が百年に一度なら、復興費用は「百年国債」で調達するのが原則です。大災害時の増税は経済学の課税平準化理論にも反するもので、古今東西、行われたことがない愚策なのです。

東日本大震災のときにはこうしたセオリーが無視され、需要ショックであったにもかかわらず、日銀による国債買い入れもなく、本来は不必要であったはずの復興増税まで行われました。百年国債も発行されず、事実上二十五年償還となり、前述したように毎年の負担は大きい。

消費税率を一二%、一五%にしたい財務省

復興増税という愚策を仕組んだのは、もちろん財政緊縮病の財務省です。財務省は、当時の民主党政権が政権運営に不慣れだったことに乗じて復興増税を盛り込みました。これをホップとして、ステップで消費税を五%から八%に増税、ジャンプとして一〇%

への税率引き上げを画策し、実際に安倍政権で実行されました。

財務省としては、二匹目のドジョウを狙っているに違いありません。新型コロナウイルス対策で多額の財政支出を強いられるので、財政悪化を理由としてコロナ増税を主張するでしょう。その勢いで、消費税率も一二％、さらには一五％へと、再びホップ・ステップ・ジャンプを目論んでいるのではないでしょうか。

世界の先進国では、中央銀行による国債の無制限買い入れや、減税、給付金など積極財政政策で一致していますし、むろん大災害での増税は実施されません。

コロナショックでは需要が蒸発し、デフレ圧力が高まっています。そうしたときに増税が行われたら、落ち込んだ経済への致命的なダブルパンチとなってしまう。

コロナ諮問委員会に緊縮経済学者を入れる愚

すでに、気になる動きがあります。

二〇二〇年五月十四日、政府に新型コロナウイルス対策を具申する諮問委員会のメンバーとして新たに経済学者四人が加わりました。委員会は発足当初は医療関係者だけで構成されていましたが、自粛の経済への悪影響が懸念されるので、経済学者を入れたというのが、公式の説明でしょう。

自粛による経済への悪影響を分析するなら、経済学者よりシンクタンクのエコノミストのほうが適任で、新たに加入する経済学者は、政策モデルの試算を行うというより、まるで「ストーリーテラー」のようです。試算なら官庁エコノミストでもできるのに、何のために経済学者を加えたのでしょうか。

今回、諮問委員会に加わった経済学者は、ほぼ緊縮派です。危機のさなか、よりによってこうした人選が行われることについて、筆者は政権内の政策決定力学の変更が背景にある、と見ています。

二〇二〇年通常国会での二次補正予算編成は必須でした。経済苦境はリーマン・ショックを上回り、戦前の大恐慌並みなので当然、一次補正の真水約二五兆円だけで足りないのは明らかです。

自民党を中心として補正予算の議論がなされる一方、官邸側は当初、官邸詰めの役人が主導権を握っていました。ところが彼らが「三〇万円給付」の件でミソを付けてしまい、党主導に移行してしまったので、今度は諮問委員会に緊縮派の経済学者を送り込んだ、ということでしょう。

新型コロナ禍で本当に求められているのは財政積極派の経済学者です。現在のメンバーでは、官僚側の緊縮財政を腹話術人形のように代弁して終わりそうです。

万が一、自粛解除後に新型コロナウイルス拡大の第二波が来てしまい「再自粛」となった際には休業補償が必要となります。今回の学者たちは、それすら反対するのではないでしょうか。

二〇二一年東京五輪中止の経済損失

さらに、パンデミックの影響で二〇二一年に延期された東京五輪について、IOC（国際オリンピック委員会）のトーマス・バッハ会長はBBCのインタビューに応じ、二一年開催が無理になった場合は中止とする見通しを示しました。

近代五輪は過去、三回中止されたことがあります。一九一六年のベルリン五輪、一九四〇年の東京五輪、一九四四年のロンドン五輪で、いずれも戦争が原因でした。

公衆衛生上の理由による中止は過去に例がなく、二〇一六年のリオ五輪でも、ジカ熱の流行によりＷＨＯ（世界保健機関）は同年二月に緊急事態宣言を発出しましたが、無事に開催にこぎつけました。

もし仮に東京五輪が中止になれば、当然、経済損失は大きい。東京都の五輪経済効果試算によれば、二〇一三年から二〇三〇年までの十八年間で経済効果は約三二兆円とされています。内訳は五輪前の八年間でインフラ整備等二一兆円、五輪後の十年間で五輪関連イベント等一一兆円です。

一年当たりにならすと、五輪前はインフラ整備で二・六兆円、五輪後は関連イベントなどで一・一兆円となり、五輪前と後では一・五兆円減少する計算です。

五輪が中止になると、関連イベント分一・一兆円もなくなり、五輪前と比べてマイナス二・六兆円になります。

消費増税、新型コロナウイルス、東京五輪中止と続くと、強烈なトリプルパンチで日本経済は目も当てられない。

経済学の究極の目的は失業を減らすこと

現在の安倍政権は、政権末期に見られる現象として、官邸内の指揮命令系統がうまく機能していません。それでもコロナショックに襲われている国のマクロ経済政策としては、大規模な財政支出と無制限金融緩和という先進国の定番政策に近いところまではきています。細かい点に不満は残りますが、自民党の一部に「日本の財政問題が存在しないこと」を正確に理解し、正しい経済政策を模索する動きがあることも確かです。

筆者としてはあらゆる機会を通じて、王道のマクロ政策を提言しつづけるしかない。経済学の究極の目的は失業を減らすことです。それ以外を狙った経済政策をしようとする向きがあるとしたら、すなわち邪道と判定していただければ、まず間違いありません。人間には仕事が必要で、仕事がなければ個人も社会も命がもちません。

財政緊縮病患者のＮＨＫや新聞に、インターネットが浸透した世界で信用を少しでも回復させたいという思いがあるのなら、本書で記した失業を減らすための政策実現をバックアップする報道をすることです。財務省の嘘に迎合して、コロナ禍の国民をさらに苦しめることだけは避けてほしいと思います。

PHP新書
PHP INTERFACE
https://www.php.co.jp/

髙橋洋一［たかはし・よういち］

嘉悦大学教授。1955年、東京都生まれ。東京大学理学部数学科・経済学部経済学科卒業。博士（政策研究）。80年、大蔵省入省。理財局資金企画室長、プリンストン大学客員研究員、内閣府参事官（経済財政諮問会議特命室）、総務大臣補佐官などを歴任し、郵政民営化、政策金融改革を企画立案。その後、2006年から内閣参事官（官邸・総理補佐官補）。08年退官。金融庁顧問等を経て現職。主な著書に『髙橋洋一、安倍政権を叱る！』（悟空出版）、『「消費増税」は嘘ばかり』（ＰＨＰ新書）などがある。

「ＮＨＫと新聞」は嘘ばかり　（ＰＨＰ新書 1226）

二〇二〇年六月三十日　第一版第一刷

著者――髙橋洋一
発行者――後藤淳一
発行所――株式会社ＰＨＰ研究所
東京本部――〒135-8137 江東区豊洲5-6-52
第一制作部ＰＨＰ新書課 ☎03-3520-9615（編集）
普及部 ☎03-3520-9630（販売）
京都本部――〒601-8411 京都市南区西九条北ノ内町11
組版――有限会社メディアネット
装幀者――芦澤泰偉＋児崎雅淑
印刷所
製本所――図書印刷株式会社

ISBN978-4-569-84700-9

ＰＨＰ新書刊行にあたって

「繁栄を通じて平和と幸福を」（PEACE and HAPPINESS through PROSPERITY）の願いのもと、ＰＨＰ研究所が創設されて今年で五十周年を迎えます。その歩みは、日本人が先の戦争を乗り越え、並々ならぬ努力を続けて、今日の繁栄を築き上げてきた軌跡に重なります。

しかし、平和で豊かな生活を手にした現在、多くの日本人は、自分が何のために生きているのか、どのように生きていきたいのかを、見失いつつあるように思われます。そして、その間にも、日本国内や世界のみならず地球規模での大きな変化が日々生起し、解決すべき問題となって私たちのもとに押し寄せてきます。

このような時代に人生の確かな価値を見出し、生きる喜びに満ちあふれた社会を実現するために、いま何が求められているのでしょうか。それは、先達が培ってきた知恵を紡ぎ直すこと、その上で自分たち一人一人がおかれた現実と進むべき未来について丹念に考えていくこと以外にはありません。

その営みは、単なる知識に終わらない深い思索へ、そしてよく生きるための哲学への旅でもあります。弊所が創設五十周年を迎えましたのを機に、ＰＨＰ新書を創刊し、この新たな旅を読者と共に歩んでいきたいと思っています。多くの読者の共感と支援を心よりお願いいたします。

一九九六年十月

ＰＨＰ研究所

PHP新書

[経済・経営]

187 働くひとのためのキャリア・デザイン　金井壽宏
379 なぜトヨタは人を育てるのがうまいのか　若松義人
450 トヨタの上司は現場で何を伝えているのか　若松義人
543 ハイエク 知識社会の自由主義　池田信夫
587 微分・積分を知らずに経営を語るな　内山 力
594 新しい資本主義　原 丈人
620 自分らしいキャリアのつくり方　高橋俊介
752 日本企業にいま大切なこと　野中郁次郎／遠藤 功
852 ドラッカーとオーケストラの組織論　山岸淳子
882 成長戦略のまやかし　小幡 績
887 そして日本経済が世界の希望になる　ポール・クルーグマン[著]／山形浩生[監修・解説]／大野和基[訳]
892 知の最先端　クレイトン・クリステンセンほか[著]／大野和基[インタビュー・編]
901 ホワイト企業　高橋俊介
908 インフレどころか世界はデフレで蘇る　中原圭介
932 なぜローカル経済から日本は甦るのか　冨山和彦
958 ケインズの逆襲、ハイエクの慧眼　松尾 匡
973 ネオアベノミクスの論点　若田部昌澄
980 三越伊勢丹 ブランド力の神髄　大西 洋
984 逆流するグローバリズム　竹森俊平
985 新しいグローバルビジネスの教科書　山田英二
998 超インフラ論　藤井 聡
1003 その場しのぎの会社が、なぜ変われたのか　内山 力
1023 大変化——経済学が教える二〇二〇年の日本と世界　竹中平蔵
1027 戦後経済史は嘘ばかり　髙橋洋一
1029 ハーバードでいちばん人気の国・日本　佐藤智恵
1033 自由のジレンマを解く　松尾 匡
1034 日本経済の「質」はなぜ世界最高なのか　福島清彦
1039 中国経済はどこまで崩壊するのか　安達誠司
1080 クラッシャー上司　松崎一葉
1081 三越伊勢丹 モノづくりの哲学　大西 洋／内田裕子
1084 セブン-イレブン1号店 繁盛する商い　山本憲司
1088 「年金問題」は嘘ばかり　髙橋洋一
1105 「米中経済戦争」の内実を読み解く　津上俊哉
1114 クルマを捨ててこそ地方は甦る　藤井 聡
1120 人口知能は資本主義を終焉させるか　齊藤元章／井上智洋
1136 残念な職場　河合 薫

1162 なんで、その価格で売れちゃうの? 永井孝尚
1166 人生に奇跡を起こす営業のやり方 田口佳史／田村 潤
1172 お金の流れで読む 日本と世界の未来
ジム・ロジャーズ[著]／大野和基[訳]
1174 「消費増税」は嘘ばかり 髙橋洋一
1175 平成の教訓 竹中平蔵
1187 なぜデフレを放置してはいけないか 岩田規久男
1193 労働者の味方をやめた世界の左派政党 吉松 崇
1198 中国金融の実力と日本の戦略 柴田 聡
1203 売ってはいけない 永井孝尚
1204 ミルトン・フリードマンの日本経済論 柿埜真吾
1220 交渉力 橋下 徹

[言語・外国語]

996 にほんご歳時記 山口謠司
1011 みっともない女 川北義則
1110 実践 ポジティブ心理学 前野隆司

[地理・文化]

264 「国民の祝日」の由来がわかる小事典 所 功
465・466 [決定版]京都の寺社505を歩く(上・下)
山折哲雄／槇野 修
592 日本の曖昧《あいまい》力 呉 善花
639 世界カワイイ革命 櫻井孝昌
650 奈良の寺社150を歩く 山折哲雄／槇野 修
670 発酵食品の魔法の力 小泉武夫／石毛直道[編著]
705 日本はなぜ世界でいちばん人気があるのか 竹田恒泰
757 江戸東京の寺社609を歩く 下町・東郊編 山折哲雄／槇野 修
758 江戸東京の寺社609を歩く 山の手・西郊編
山折哲雄／槇野 修
845 鎌倉の寺社122を歩く 山折哲雄／槇野 修
877 日本が好きすぎる中国人女子 櫻井孝昌
889 京都早起き案内 麻生圭子
890 反日・愛国の由来 呉 善花
934 世界遺産にされて富士山は泣いている 野口 健
936 山折哲雄の新・四国遍路 山折哲雄
948 新・世界三大料理
神山典士[著]／中村勝宏、山本豊、辻芳樹[監修]
971 中国人はつらいよ——その悲惨と悦楽 大木 康
1119 川と掘割〝20の跡〟を辿る江戸東京歴史散歩 岡本哲志
1182 京都の通りを歩いて愉しむ 柏井 壽
1184 現代の職人 早坂 隆